智弁和歌山・髙嶋 仁の セオリー

甲子園最多勝監督の
勝つための法則88

田尻賢誉
Masataka Tajiri

ベースボール・マガジン社

智弁和歌山・髙嶋仁のセオリー

甲子園ではベンチの中央で仁王立ち。これが監督・髙嶋仁のスタイルだった

19
FEE
じゃらん
EKT

髙嶋 仁のセオリー 1

選手との距離感を大事にする

一杯3万円のラーメン。

あれを食べたのは、2008年の冬。智弁和歌山のグラウンドだった。日が暮れて真っ暗になったグラウンドで、ナイター照明の下、冷たい風が吹く中で食べたラーメン。「せっかく来たんやから、〝ダブル〟いかなアカンやろ」と言われ、2玉の麺をすすった。

正直、味は覚えていない。だが、選手たちとバカ話をしながら、智弁和歌山のグラウンドで食べるという非日常がおいしさを倍増させた。埼玉から和歌山まで片道5時間、往復3万円の交通費をかけて食べに行ったラーメン。味は忘れても、あの雰囲気と楽しい時間は忘れてはいない。

グラウンドに屋台のラーメン屋を呼び、髙嶋仁監督が選手たちにラーメンをふるまう〝智弁ラーメン〟。センバツに出場するときに限って行われる特別なイベントだ。一人一杯だが、全員が〝ダブル〟と呼ばれる2玉を食べる。少人数制の智弁和歌山とはいえ、人数分支払えば結構な額になる。だが、髙嶋監督はこう言って笑っていた。

「2万や3万で甲子園に連れていってくれるなら安いもんや。そうでしょ？　1億払っても甲子園は出られへんのやから」

選手たちは、監督が自分たちを喜ばそうとしてくれている気持ちをわかっている。財布から1万円札を何枚も出して支払うところも見ている。それが、「監督に勝ち星をプレゼントしよう」という気持ちにもつながる。このラーメンはただの一杯ではない。監督の気持ちが伝わり、選手がそれに応えようとする、コミュニケーションが生まれる特別なラーメンなのだ。

晩年の髙嶋監督は選手とは孫ぐらい年齢が離れていた。甲子園で優勝3回。監督通算勝利が歴代1位に届こうかという有名監督。高校生が気楽に話しかけられるような存在ではない。だが、髙嶋監督は積極的に子供たちの輪に入っていった。幸い、智弁和歌山には監督室がない。練習の前後には、部室でたわいもない会話をする髙嶋監督と選手の姿があった。

「やっぱり、選手との距離感は意識してますね。部室の中に入って冗談言うたりとか、そういうのは意識してやってますね」

そんな髙嶋監督だが、何よりも大切にしていたのがノックだった。打ちだしたら止まらないことはたびたび。若い頃は食事もせずに朝9時から夕方の6時まで打っていたこともあった。ノックについて、髙嶋監督はこう言っていた。

「ノックは人に任せられない。『このヤロー、このヤロー』とノックを打って、選手と結びついとるんです」

若い頃は鬼の髙嶋。スパルタだった。

「奈良（智弁学園時代）のときは、バックホームで監督狙って投げてきますからね。パッとよけるじゃないですか。後ろのキーパー（ボール渡しの選手）に当たるんです。『お前なぁ、狙うとこないなんやで。ストライク投げろー』って半分ケンカ腰でやってますからね。その代わり、やっぱり（気持ちが）強かったですよね」

歳を重ねてからも、丸くはなったが、気持ちは変わらなかった。

「朝3時に家を出て、高野山に登って帰ってきて、風呂に入って学校に来るじゃないですか（セオリー83参照）。やっぱりタラタラやっとったら頭にきますもんね。『このヤロー、お前、授業中寝とるくせに野球ぐらいちゃんとせえ』とか言って打球が速くなりますよね」

監督人生においてノックで手を抜いたことはない。ノック1球が本気。ノックを打つことによって生まれる選手との対話、コミュニケーションこそ髙嶋監督がもっとも大事にしていたことだった。

「『このヤロー、オレの打つボールが捕れんのかー』って言うてね。そしたら、選手は『捕れるとこに打てー』って言うわけですよ。そうやって何年もやってきた」

監督を退く前の数年は体調不良もあり、教え子でもある古宮克人部長、髙嶋監督の後任として監督に就任した中谷仁（元東北楽天）コーチにノックを任せて、ピッチャー陣だけを相手にしていた。それでも、ここという場面は自ら打った。

「ちょっと気合い入れなアカンというときは『10分だけやらせてくれ』と言ってやるんやけど、終わらへん。『このヤロー』って怒りながらやってると1時間半とか2時間たってる（笑）」

ノックこそ、髙嶋監督のチームづくりの肝なのだ。1球1球の積み重ねが、甲子園歴代最多の68勝につながった。「それ以外、何もないですよ。そうやってちょっとずつ選手を上げてきた結果やと思うんですよね」。だから、思うようにノックバットを振れなくなったことで引退を決めたのだ。

髙嶋監督に「髙嶋野球とは？」と尋ねると、こんな答えが返ってきた。

「精神野球というか、ハートの野球でしょうね」

ノックを通じて、本気でぶつかりあったからこそ生まれる強い気持ちと信頼関係。ノックという無言の対話の積み重ねが、選手との距離を縮めていった。「ちょっとでもうまくしてやりたい」という監督の想いに応えた選手たちの心。ノックを打つことがコミュニケーションになり、ノックを打つたびに絆が深まった。それこそが髙嶋野球の強さ。日々培われる選手との距離感が髙嶋監督を支えていた。

目次

第3章　選手を育てる　109

第4章 戦術戦略 141

第5章 リーダーの姿勢 217

デザイン　神田昇和
写真　ベースボール・マガジン社
校閲　永山智浩

第1章

チームをつくる

髙嶋 仁のセオリー 2

守りのチームをつくる

髙嶋監督の練習は、特別なことがない限り守備練習から始まる。

それは、守備を重視しているからだ。打つよりも、守ることが先。これは、夏の甲子園で打撃の記録をつくった後も変わらなかった。

「新聞に守りと書いても誰も見ない。打率なんぼと書いたほうが見る。甲子園に行ったら、新聞は攻撃のほうしか出さんのよ。だから智弁といったら攻撃のチームになっとる。でもね、僕は攻撃中心のチームをつくったことは一度もない。守備をしっかりせんと勝てん。普段の練習メニューは3対2で守備が多め。打ち込みのときは別やけどね。チームをつくることにおいては、しっかりと守り優先でそれから攻撃」

髙嶋監督にとって、忘れられないのが1992年夏の甲子園。スタンドの観客から、こんな声が聞こえた。

「おい、智弁和歌山。また負けに来たんか」

85年春の初出場以来、甲子園では全敗。92年夏も拓大紅陵を相手に3点を先制しながら、逆転で敗れた。出ては負けるのくり返しで、甲子園5連敗。観客の言葉に「カチンと来た」という髙嶋監督は、もう一度ビデオを見て、これまでの敗戦を見直した。

85年春　●1対3駒大岩見沢
87年夏　●1対2東北
89年夏　●1対2成東（延長11回）
91年夏　●2対3学法石川
92年夏　●3対4拓大紅陵

「1点差で負けた気がせん、もうちょっと何とかしとったら勝ってる。『ここで踏ん張れてたら勝てとる』というところでエラー、（投手の）暴投。そんなんばっかり。結局は守り。守れてないんです」

同じ和歌山には79年に春夏連覇した箕島がある。なぜ箕島は勝てて、智弁和歌山は勝てないのか。

その答えも同じところにあった。

「箕島が何で強いかというと、やっぱり守りのチームなんですよ。負けない野球というかね。派手さはないんですけど、3対2とか5対4とか、終わったら勝っとるんですよね。高校野球はガチッと守らんとアカンなと」

箕島から学ぶには、箕島と試合をするのが一番。意を決した髙嶋監督は、箕島・尾藤公監督（当時）に練習試合を申し込んだ。「たぶんやってくれんやろうと思った」が、尾藤監督は快諾。試合はもちろん、昼食の時間も必死に質問して甲子園で勝つために必要なことを探った。

「バッテリーを中心とした守りのチームを目指す。箕島をマネするわけじゃないですけど、そういうチームをつくるようになっていった。結局は打倒・箕島。箕島に勝つことが甲子園で勝つことにつながったわけです」

6度目の挑戦となった93年夏は、3試合無失策で甲子園初勝利から2勝。87年夏の初出場以来、初めて2年間夏の甲子園から遠ざかった95年秋の新チームでも、「守りを固め、スキのない野球をする。下級生でも守備がよければ抜擢する」と宣言して守備を強化。96年センバツの準優勝につなげた。

「今でも、バッティングが先とは思ってません」

強打の智弁和歌山といわれるようになっても、世間が打撃偏重になっても、最後まで守りのチームであるという方針は変えなかった。まず、守る。これが髙嶋野球の原点にある。

髙嶋 仁のセオリー 3

部員は少人数制

1学年10人――。

部員100人を超える強豪校が珍しくない時代にあって、髙嶋監督は少人数制を貫いた。もちろん、それには理由がある。

「ガバーッと部員がいたら、『何や、お前んとこ』となると思うんですよね。ウチは10名決まったら、『入ってきても野球部に入れませんから』と言って断るんですよ。受験するのが10名」

強豪校の中には、「他校に行って活躍されると困る」と手あたり次第声をかけ、〝飼い殺し〟にする学校もある。他校に進学が決まっていたのを直前でひっくり返しておきながら、結局はベンチにも入れずに終わる例は少なくない。そんなことばかりしていれば、悪いうわさがたち、周りは敵だらけになってしまう。少人数制であれば、そんなことはない。勝っても周りから足を引っ張られるようなことはない。

また、10人のうち、県外からの選手は2人までに限定している。高校野球には郷土代表を応援する文化があるからだ。和歌山代表といっても、県外生ばかりでは地元の人たちは応援してくれない。

「和歌山県に誘致されて学校ができたこともあって、県知事から理事長に『野球部はできるだけ地元の選手でやってほしい。県外生は学年1人か2人にとどめてほしい』という話があったらしいんですよね。僕も地元から応援されるチームにしたい。甲子園に行ったときに『がんばれよ』と言ってもらえるチームじゃないとダメだと思います」

ただ、10人となると、獲る選手を絞らなければいけない。手あたり次第声をかけて、「誰かが当たればいい」というスカウティングはできない。30人も40人も獲る学校と違い、〝外せない〟のだ。そこで、1991年に野球部用のスポーツコースを新設した。

「学校の（勉強の）レベルがグーンと上がった。そんなところに野球をやってる子は入れない。そこで、当時の学校長が『野球部はスポーツコースで10人』と表に出そうと。そうしたら、堂々と獲れるやないかと。（勉強の）点数が足らんでも、『この子は甲子園に行くためにどうしてもほしい子なんや』と言って10名は確保する。その代わり、『この子は○点しか取れません』と全部報告してます」

進学校のため、もともと部員数が多かったわけではない。1学年2、3人だったこともある。それもあり、1学年10人制は違和感なく定着した。そしてもうひとつ、少人数制の大きなメリットがある。

それは、3年生全員がベンチに入れることだ。

「一生懸命練習しても、試合に出れなければやっぱりモチベーションは上がってこない。10名おれば、10名とも試合に出れるようにしてやりたいんです。それと、預かった以上は目いっぱい指導して、大学に行きたかったら行かせてやりたい。それには10名。20名だったら、3年が9人レギュラーでも11名補欠なんですよ。補欠はなかなか大学は獲ってくれない。そう考えると10名が限度なんです。僕がこれだけは守ってるのは、上級生から10名ベンチに入れること。ベンチにも入れないと考えると選手はがんばらなくなりますから。上級生で足らんところを下級生で埋める。選手はがんばったらベンチに入れますんでやめません。少ないからやめられると困るんですけどね」

秋に新チームになれば、2学年で20人。紅白戦をするのもやっとの人数だ。人数が減ると困るため、上級生は下級生を大事にする。結果的に、上下関係もなく、いじめもない野球部になった。また、ベンチ入り人数が18人に減る甲子園でも必然的に8人は下級生になる。大舞台の経験を自分たちの年に活かせることで新チームへの移行もスムーズになり、連続出場にもつながりやすくなった。

この他、忘れてはいけないのが練習量が増えることだ。人数が少ないため、一人あたりのノックを受ける本数、打撃練習で打つ数は必然的に多くなる。同じ時間でも他校の選手より量をこなすことができるのは大きな利点だ。

「100人で6時間かかる練習が、20人なら2時間ですむ。全員に目が行き届くから内容も倍違います。100人ぐらいおったほうがメンバー的にもええ子がたくさんおると思うんですよ。でも、高校野球のよさっていうのは、もちろん技術的なことも大事な要素なんですけど、それよりも『甲子園に行きたい』という強い気持ちを持っとるかどうかのほうが大事。『オレは下手くそや。でも、これだけのことやって甲子園に行くんや』という子のほうが実際は伸びるんですよね」

強豪私学には似つかわしくなく、智弁和歌山には寮がない。特待制度もない。大阪桐蔭のようなAクラスの素材は少ない。だからこそ、甲子園にかける想いの強さと練習量が必要なのだ。豊富な練習量をこなすことにより、予想以上に成長する選手が出てくる。その一人として髙嶋監督が名前を挙げるのが、2002年春から03年夏まで4期連続甲子園出場している上野正義だ。2年時は主に八番を打っていたが、3年夏は三番を打つまでになった。

「中学のときから肩はよくて守備はよかったけど、バッティングは悪かった。自分でもバッティングは悪いと思ってたのが、ウチに来て、バッティングの数が多いんでぐーっと伸びてきた。『お前が三番打つとはなぁ』と言ったら、『智弁のおかげです』と自分で言うてましたね」

ちなみに、2017年の入学者から1学年12人に変更されている。かつては10人中半分程度が投手経験者だったが、近年は和歌山県内の好投手が県外の強豪校に流出することが増え、投手不足に泣かされることが多くなった。13〜14年は94〜95年以来19年ぶりに2年連続で夏の甲子園出場を逃したこともあり、制度改正に踏み切った。

とはいえ、1学年12人は少人数制に変わりはない。競争が少ない、ケガ人が出たときの代わりがいないなど少人数制のデメリットばかりが叫ばれるが、髙嶋監督は逆。少人数制を見事にメリットに変えていた。

高嶋 仁のセオリー **4**

1人3ポジション制

少人数制の智弁和歌山。野手が投手に回ったとき、誰かがケガをしたときに備え、髙嶋監督は複数ポジションを守れるよう練習させていた。

「僕は複数といいながら、『2つじゃアカン。3つやで』と言ってますからね。ピッチャーといっても、ピッチャーだけじゃアカンのよ。はい、ファースト。はい、外野って守ってもらわんと。だからピッチャーでもちょっと打てる子はどんどん打たせた」

黄金期は1学年10人のうち半分は投手。そこから入学後にコンバートしていた。

「多いときは7人ぐらいピッチャー。その中で、できるところを守らす。ピッチャーで肩はええから、しっかりとステップを教えたら放れる。他を守らせても早い」

97年夏の優勝投手・清水昭秀、00年夏の優勝投手・山野純平をはじめ、03年春の浦和学院戦でサヨナラ本塁打を放った本田将章、06年夏に甲子園4本塁打の広井亮介ら主力打者が投手として登板することが多いのはそのためだ。

捕手も他のポジションを守れるのが智弁和歌山の特徴。2003年春は前年春夏はショート、その年の夏にはショートに戻った上野正義が捕手を務めた。08年夏は3回戦でそれまで2試合は捕手でスタメンだった森本祥太がライトで先発している。ショートにこだわりのあった上野は捕手コンバート指令を断ったが、「チームのことをまず考えろ。甲子園に行って、みんなで楽しい思いをしたいんやったら、自分の身を削ってみんなのためにやれ」と言われ、翻意している。

「チームが勝ったらええわけやからね。それは絶対に忘れたらアカン。自己満足はアカン。チームが勝つために自分が犠牲になんのよ」

少人数制でやる以上、わがままは通用しない。チームに求められたら、それに応える。それが複数ポジション制。結局はそれが、有事に備えることにもなる。

髙嶋 仁のセオリー 5

キャプテンは人間性と成績で選ぶ

キャッチャー5人、ファースト3人、セカンド1人、サード2人、ショート3人、レフト4人、センター5人、ライト1人、控え1人。

これが、髙嶋監督が率いて甲子園に出場した智弁和歌山の歴代キャプテンの守備位置だ。珍しいのは、外野手の人数が多いこと。元横浜の渡辺元智監督はかつて「外野手のキャプテンではなかなか難しい。声が通らないときでも、近ければジェスチャーである程度は伝わる。キャプテンはできればキャッチャーか内野手が好ましい」と言っていたが、多くの監督は試合中、投手に声をかけやすい守備位置にキャプテンを置く。ところが、髙嶋監督にその発想はない。選ぶにあたって、守備位置は考慮していないからだ。重視するのはズバリ、人間性と学業の成績。野球の技術は関係ない。

「キャプテンが下級生に勉強で『先輩、これちょっと教えてください』と聞かれたときに、答えられんかったらカッコ悪いですよ。野球部のヤツは勉強ができへんと言うかもしれんけど、やっぱりキャプテンはある程度できるヤツじゃないと。だから補欠でキャプテンもあります」

勉強ができるというのは、やはり一目置かれる理由のひとつになる。そしてもうひとつ、欠かせないのが人間性だ。

「やっぱり信用してないヤツがキャプテンになったら、『なんで（お前に言われて）せなアカンねん』と言うヤツが必ず出てきますからね。ウチなんか人数が少ないんで特にそうですよ。（部員が）100人おったら誰でもええけど、少ないがために『あいつは成績がええ』とかわかるじゃないですか」

授業にマジメに取り組むかどうか。野球部は全員が同じクラスのため、全員が見ている。さらに、マジメな性格は練習にも出る。例えば、智弁和歌山恒例の100本ダッシュのとき。マジメな選手はしっかり100本走るが、授業中寝ているような選手は80本でごまかすことがある。

「80本で終わっても、こっちは文句は言わんのですけど、ナインがどう思うかですよね」

成績がよく、しっかり100本走る選手が言う言葉と、成績が悪く、数をごまかす選手が言う言葉では、言葉の重みが違ってくる。それが、チームづくりにも影響する。

「一回、選手に選ばせたんです。頭のアカンヤツがキャプテンになった。あのときはショックでしたね。確かに三番バッターで活躍しとる子だったんですけどね。そういう場合、やっぱり『こうやってほしい』とキャプテンに言うても、みんなに浸透するかといったら、しないんですよ。それからは、選手に選ばせたらアカン。オレが選ぶと。人間性、信頼できるかどうか。それは見てます」

試合中、ピンチにリーダーシップを発揮できる選手がいれば心強い。だが、もっと大事なのは、日々の練習。毎日のきついメニューに妥協せず、コツコツ積み重ねることができるか。それをやるには、自らがお手本となってマジメに取り組むキャプテンの姿が必要なのだ。

高嶋　仁のセオリー　6

悔しさは試合で味わわせる

奈良・智弁学園で3度の甲子園を経験した髙嶋監督が智弁和歌山に移ったのは1980年のこと。当時の智弁和歌山は創立3年目。野球部は前年に高野連に登録したばかりだった。

「和歌山に移る前の年に月に1、2回様子を見に来とったんです。そのときは部員が50人ぐらいいて、ええ選手もおるんですよ。これなら何とかなるなと思って、正式に監督になって、はりきって行ったら3人しかいないんです」

しかも中学時代はバレーボール部、バスケットボール部、陸上部の3人。野球経験者は誰もいなかった。髙嶋監督が「他の部員はどうしたんや」と訊くと、「『奈良からとんでもない監督が来る。殺されるぞ』と言って、みんなやめました」と言う。「そんなことない。あいつら野球好きやから呼んで来い」と言って集まったのが15人。それが智弁和歌山でのスタートだった。

「『アップやるぞ。とりあえず、ボール間100本行こうか』と言ったら、次の日は誰も来ない（笑）。キャッチボールはまともにできない。5分ぐらいトレーニングをやるとフラフラしてくる。もちろん、ノックをしても打たせてもアカン。技術的なことを教えてもアカンなと。選手の考え方は同好会。こっちは甲子園。全然違うわけですよ。ギャップがすごくてついてこれない。これは口で言うてもアカン。体でわからせなアカンと思った。ゲームをして、自分で感じてもらうほうが早いんやないかと」

そう考え、練習よりも試合を優先的にやろうと決めたが、練習試合の相手探しに苦労した。

「和歌山の弱いチームに申し込んでもやってくれない。今で言ういじめです（笑）。『智弁て奈良ちゃうん？　和歌山にもあんの？』ってなもんでね。あったま来てね。『お前ら、覚えとけよ。負けるか』って。それで、奈良のときにつきあいのある四国とか県外のチームとやってもらったんです」

池田の蔦文也監督は「おう、和歌山に行ったんか。箕島倒せ。尾藤（公、当時の監督）を倒せ」と試合を受けてくれたが、甲子園で実績を残している学校相手に勝負になるはずがない。30点以上も取られた。

「弱いのはわかっとるけど、嫌っていうほど叩かれたんですよね。何点取られたかわからへん。終わらへんのですよ。計算機がいるぐらい取られました。そしたら、ゲームの途中でウチの選手に泣いとる子がおるんです。それを見たときに、『この子らも勝ちたいんやな。これだったら何とかなる。強くなるな』と思った。投げやりになっとったら、これで終わりやなと思うけど、そうやなかったですから。人間って、悔しさを覚えたら強いんです」

翌日のミーティングでは、選手たちがこれまでと180度変わっていた。どれだけ言っても伝わらなかったのが、選手たちの中にスーッと入っていった。

「同じ高校生なのに30点も差がつく。何でここまで違うんかと。池田みたいに打とうと思ったらどうしたらいいのか、どんなトレーニングがあるのか、どんな考えのもとやらなアカンのか……。もう、ほっといても動くんですよね。黙々とやり始めるんですよ。同好会から高校野球に入っていった」

髙嶋監督が行くまで練習試合も含めて1勝もしていなかったチームが徐々に変わっていった。失点が10点になり、10点取られても5点取れるようになった。差が詰まってくるのがわかると、選手たちのモチベーションも上がってくる。髙嶋監督が就任して初めて迎えた夏は初戦で優勝候補の星林を5対2で破る殊勲の星を挙げるまでに成長した。

「技術的なことも大事やけど、やっぱり肌で感じてほしい。練習試合をすることによって、何が足らんのかというのを直接感じてほしかったんです。悔しさを感じさせることは監督の仕事として3番以内に入るほど大切やと思います。生徒がやる気になったときって、やっぱりぐーっと伸びてくるんですね。確かに下手くそですよ。でも、その1か月、2か月で優勝候補に勝てるようになるんですよ。その気になったら、高校生って素晴らしいですね」

悔しさからの出発。これが髙嶋監督、そして智弁和歌山の原点になっている。

髙嶋　仁のセオリー　7

テレビ中継を利用する

智弁和歌山に赴任後、選手勧誘のためにヒマさえあれば中学校を回っていた髙嶋監督。だが、思うように選手は集まらなかった。進学校のために勉強も忙しく、選手たちは補習で練習に出てこられない。練習時間は短く、グラウンドに同時に10人以上集まることもまれだった。

「そんなんでどうやって甲子園に行くんですかと。とてもじゃないけど甲子園なんて無理。20年ぐらいかかると思った」

髙嶋監督自身に実績はあるが、智弁和歌山の野球部には歴史も実績もない。当時はまだ情報が少ない時代。まずは学校の知名度を上げることが必要だと考えた。そこで、目をつけたのが夏の県大会のテレビ中継。和歌山は会場が紀三井寺球場1か所のみで全試合中継される。試合があれば確実に放送されるのも幸いだった。

「まずはベスト4に入ろうと。ベスト4に入れば、最低4試合できる。4回テレビに映れば中学生も見てくれる。そうすれば、『智弁って野球もやるんや。なかなかやるな。オレも智弁に行ったる』と言う子が出てくると思った」

そして、就任3年目の夏。目標の県大会ベスト4入りを果たすと、上昇気流に乗った。さらに2年後の秋。4強入りを見て入学した中学生が上級生になり、秋の和歌山大会で優勝。近畿大会でもベスト4に進出し、翌1985年春のセンバツに初出場を果たした。

「頭に描いとったことが現実としてうまいことといったわけですよ。『甲子園に行くには20年かかる』と思ったのが、6年で甲子園に連れていってくれた。そういう意味ではラッキーですよね」

インターネットもなく情報が少ない当時は、今よりもはるかにテレビの力が偉大な時代。髙嶋監督の〝戦略勝ち〟だった。

高嶋 仁のセオリー 8

中学生は走り方を見る

「なかなか観に行けん。多くても（1人の選手に）2回。だから何回もだまされた。大阪のどっかの監督とは違う（笑）」

現代の高校野球にスカウティングは欠かせない。重要度は年々増し、それだけで勝敗が決まってしまうといってもいいほどだ。髙嶋監督も時間があれば中学生を観に行くようにしていた。肩の強さ、スローイングの強さや正確さ、遠くへ飛ばす力など一般的な部分はもちろんチェックするが、重要視していたのは別の部分だった。

「一番大事にしとるのは、どういう走り方をするか。最後にポール間をちょっと走ってもらうんですけど、そのときに言うのは『三分《さんぶ》か四分《よんぶ》でええよ』と。ええヤツはね、フォームがええんですよ。アカンヤツはどったん、どったんとしてますね。やっぱり、バランスです」

全力ではなく、軽く走るからこそバネやバランスのよさがわかる。今までもっともきれいに走ったのは西川遥輝（現北海道日本ハム）だという。

「あの子は小学校のときから有名ですから」

この他に注目するのはユニホームの着こなし。

「やっぱり、ええ選手は何となくちゃんと着とる。すらっとしとる。アカンヤツって、着方もどんくさいんです」

少数精鋭の10人制。大人数のチームのように、手あたり次第に声をかけて誰かが活躍してくれればいいというスカウティングはできない。〝外せない〟中で培われた髙嶋流スカウティングのポイント。ぜひ参考にしてもらいたい。

髙嶋 仁のセオリー 9

キャッチボールを最重視する

髙嶋監督がもっとこだわっていたこと――。

それが、キャッチボール。スローイングだった。あるときは、後に大阪桐蔭で四番を打つ中学生を「キャッチボールができないから」と言って獲らなかったほどだ。

「普通にできればOKですよ。普通にできんから獲らんかった。打つほうは何とでもなりますけど、キャッチボールは直らんのです」

では、髙嶋監督の求める基準は何なのか。

「キャッチボールで一番見とるのは40メートル。40メートルをライナーできちっと放れたら十分です。外野手でも100メートル投げれんでいい。甲子園も広い、広いといいながら、カットまでちゃんと放ったら十分いけるんでね。僕の守りのチームというのは、最終的にはキャッチボールなんです。キャッチボールをきちっとできたら守りはできあがっとる。こんなように思うてます」

捕球よりも送球が大事。それが、髙嶋監督の考え方だ。

「飛んできた打球をエラーする。これは誰でもするんですよ。イレギュラーしたら。変なボールをエラーするのはしゃあない。それほど文句は言いません。じゃあ、どこで文句言うか。捕ったのに変なボールを投げたら、むちゃくちゃ怒るんです。やっぱり、捕った以上はストライクを投げろと。これが守りやと僕は思うとるんです」

捕ったら、きっちりとストライクを投げる。その意識づけ、習慣づけをするのがキャッチボールなのだ。

「1対1でのキャッチボールをゲーム中の動いとるなかでできるかどうか。一、三塁でダブルスチールされたときに動いてストライクを投げられるかどうか。外野がカットへきっちり放る。カットがサードやホームにちゃんとストライクを投げる。そのキャッチボールなんですよね。これができて、初めて守りができあがりと思うとった。これがきっちりできれば、アウト、セーフはしゃあないですよ」

内外野手共通で口酸っぱく言っていたのは「低く投げろ」ということ。練習中、高い球を投げた選手を怒る姿を何度も見た。

「低い球、例えば、ショートバウンドだったら受けるほうが何とかしてくれるけど、上（高い球）はどうしようもないですからね。40メートルのキャッチボールもショーバンならOK。『高い球はアカン。身長より低いところへ投げろ』。これは40何年間、ずーっと変わりません」

髙嶋監督のこだわりが見えるのが毎日のノックだ。たとえボールファーストの場合でも、一塁に投げて終わりではない。その後に、必ずボール回しを入れていた。サードなら5—3—2—5—2、ショートなら6—3—2—6—2、セカンドなら4—3—2—4—2、ファーストなら3—5—2—3—2。ゴロを捕って送球して満足しているようでは、試合につながらないからだ。

「ボール回しというのは、次のことを考えるから回していくわけ。捕って終わりじゃない。野球ってそうなんですよ。これは、今でも必要やと思ってます」

セオリー28でも紹介するが、サードゴロから始まり、ボール回しもいれてノーエラー5周というメニューはプレッシャーをかける練習の定番になっている。

また、一般的な捕手から回していくボール回しでは、2—5—4—3—2の左回り（順回り）よりも、2—3—6—5—2の右回り（逆回り）を重要視する。

「ファーストからキャッチャーに、キャッチャーからサードにというのは誰でもできる。いいボールを放れる。サードからキャッチャーに来て、キャッチャーからファーストに投げるときにどんなボールを投げるか。反対回りのときにボールがそれたら怒る。『それはアカン。まっすぐ投げろ』と。それをむちゃくちゃうるさく言う。まっすぐ投げるということは、きちっと体重が乗っとるわけ。左回りは誰でもできる。反対回りをきちっとせえと。ボール回しは10周60秒以内で甲子園レベル。反対回りは難しいけど、できんかったら『まだ全国レベルとちゃうよ』と。まぁ、10回やって8回できれば合格でしょう」

どの学校も当たり前のようにやる練習だが、何にこだわり、どれだけやるかで成果は変わってくる。できなければ、できるまでやるのが髙嶋監督。来客があり、誰かと話していてもキャッチボールからは目を離さない。監督が見ていないと思って適当になっている選手がいる場合は、キャッチボールが終わってから呼び、「もう1回やれ」と命じることもあった。

「意識づけっていうか、クセなんですよね。（送球が）浮いたら低く修正する。適当にやっとったら、やっぱり、ここというときに出てきますからね」

何気ないメニューだからこそ、こだわりと執念を持ってやる。毎日のくり返しが、守りのチームの礎と自信になっていた。

髙嶋 仁のセオリー **10**

捨てるものは捨てる

93試合で48個。

髙嶋監督が率いた智弁和歌山が甲子園で記録した盗塁の数だ。1試合平均にすると0・52個。センバツに限ると36試合で9個しかなく、1試合平均は0・25個のみ。4試合に1個の割合でしか記録していない。盗塁以外にも、2000年センバツ決勝の東海大相模戦で一塁走者が二塁打で本塁を突けない場面が二度あるなど、手痛いところで走塁に泣かされている。「もう少し走塁がよければ……」。そんなことを髙嶋監督にぶつけると、こう言って笑い飛ばした。

「走れん子がリード取ってアウトになったらけったくそ悪い（笑）。走れんかったらええ、そこにおれと。ホームランで還ってきたらええねんという考え方。走塁は下手。わかっていながら、そこまで手が回ってない。練習はたまーにやりますよ。あまり大回りだとね。ただ、しつこくきっちり回るまではしません。そんなヒマあったら『打て、打て』。ウチは2対1とかで勝つチームとちゃう。10対5とかで勝たなアカンチームですから」

攻撃や守備に比べて、走塁が劣っているのは自覚している。健大高崎が走塁で甲子園を沸かせたときは、拙著『機動破壊』（竹書房刊）を購入してくれた。興味がないわけではない。自覚していながら、あえてやっていないのだ。

「健大はリードどうこうよりも、考え方がすごい。失敗しても、その失敗を共有して失敗じゃなくするとかね。でも、ウチはそこまでせえへん（笑）。あれもやり、これもやりだと中途半端になるからね。走塁はやりたいんやけど、バッティングのほうがお留守になるんちゃうかなと思って。それやったら、リードは小さくてもアウトにならんかったらええよと。まぁ、走塁やっとったら、あと3回ぐらい優勝しとるかな（笑）」

練習時間は限られている。チームの特長やスタイルから判断して、こだわる部分とそうでない部分を明確に分け、練習時間の配分にも圧倒的に差をつける。あれも、これもではなく、優先順位が高いものを徹底的に磨いていく。何に時間を割き、何の時間を省くのか。捨てるものを決めたからこそ、ブランドが生まれる。選択と集中。そして〝割り切り〟こそ、監督が決断するべきことなのだ。

高嶋 仁のセオリー 11

応援の力を理解する

白地に赤の「C」の人文字。この曲が流れれば智弁和歌山だとわかる『アフリカンシンフォニー』。何度も逆転劇を演出し、〝魔曲〟といわれる『ジョック・ロック』……。もはや甲子園に欠かせなくなっているのが智弁和歌山の応援だ。高嶋監督も「ウチの応援は日本一。昔のPL学園みたいに逆転勝ちというのは、ほとんど応援の力や」と言う。智弁和歌山のアルプススタンドが盛り上がり、それが徐々にネット裏まで広がって不思議な力を呼ぶことも少なくない。高嶋監督もそれは感じている。

もっとも印象的だったのは香月良太（元巨人）から2本の本塁打を放って逆転した2000年夏の柳川戦。3点差で迎えた8回裏一死一、二塁から山野純平がレフトへ大飛球を打ったときだった。

「お客さんの『入れ、入れ、入れーっ』という後押しの声が聞こえてくるんよね。ベンチでも、『おっ、おっ、おーっ。入ってもうた』という感じやった」

同点3ランは観客の声援が打球をもうひと伸びさせたかのように感じた。その大会の決勝で勝った後には、優勝インタビューでこう言っている。

「選手の力もですけど、なんか観客と一体になって、後押ししてもらったような、そんな感じがするんです」

智弁和歌山が並みの強豪校と違うのは、学校をあげて応援に力を入れていることだ。なんと、和歌山大会の初戦から全校応援。前理事長が野球好きだったこと、学校から紀三井寺球場が近いとはいえ、進学校が授業をつぶして行くのだ。なかなかできるものではない。1987年夏に甲子園出場したときの『週刊朝日』には「応援も授業の一環で、全校生徒が参加する一糸乱れぬ応援は好ましい」と書かれている。全国的な強豪になる前からの伝統だ。

「夏の大会の1回戦から全校応援。こんなところありませんよ。だいたい準決勝、決勝からが多いでしょう。1年生が入学すると女の子が『チアで甲子園に行きたいから智弁に来ました。絶対甲子園に行ってください』とグラウンドにプレッシャーをかけに来る（笑）」

応援団のシステムも他校とは一線を画している。人数に枠があり、応援団員とチアリーダーになるためには、テストで一定の成績を取ることが必要。テストで基準に達しないと補習になり、応援団に入ることは許されない。

「応援団、チアに入りたいから勉強する。学校のやり方うまいんよ（笑）。全校応援のときは授業がない。夏休みに応援に行くと代休になる。生徒は授業が嫌だから、必死になって応援してくれる。だから、負けたら生徒に怒られる。それがつらい。中1の子に『何で負けたん?』とか言われたらね……。それで選手にハッパかけるんです」

普段は勉強に時間を注いでいる生徒たちが、センバツの寒い中、夏の暑い中、必死になって応援する。全員で声を合わせ、智弁独特の雰囲気を作り出す。あの一体感は、他校にはなかなかマネできないものだ。

「やっぱり、甲子園でみんなで応援するというのは、その間だけでも、『勉強なんてどうでもええ。青春を燃やせ』という感じで学校もハッパかけるんでね。すごいもんね、応援。負けとるときなんか、『うわーっ』いうてね。あれは相手にとったら効くと思うんやけどね」

なぜ、智弁和歌山は終盤の逆転が多いのか。それは、このスタンドにあることは間違いない。学校全体で野球応援に取り組む〝学校力〟。これもまた智弁和歌山の強さになっている。

高嶋 仁のセオリー 12

親が練習や練習試合を観に来るのは禁止

おそろいの帽子におそろいのTシャツを身につけた親たちがずらっと並ぶ。いまや、泊まりがけの遠征になる練習試合でもそんな光景が一般的だ。だが、智弁和歌山に限ってそれはない。高嶋監督が、親が観に来るのを禁止しているからだ。

「結局、少年野球の延長と違うということです。『普段は来んといてくれ』とシャットアウトします」

中学までの野球は、親が送迎をするだけでなく、グラウンドや道具などの準備まですることによって成り立っているチームも多い。もちろん、それはチームの事情だから仕方ないが、高校野球は別物だ。

「任せてもらった以上は一生懸命しぼります。だから、練習も観に来るなと。たまには厳しい言い方で怒ることもあるんでね。そういう姿は親も見たくないやろうし、子供も見せたくない。だから、来んといてくれということなんです。あるいは、日曜日に休みたい親もおるわけですよ。裕福な家庭ばっかりと違うんやから」

中学までは親の〝お茶当番〟など仕事があり、1日中拘束されるチームもある。それが負担になって子供に野球をやらせたくないという親もいるほどだ。髙嶋監督には「高校に来てまでそんな思いはしてもらいたくない」という気持ちもある。

「入学して、新入生の親を集めて話します。どうしても観たいんやったら、僕の目の届かんところで観てくれと。ただ、もしキャプテンの親とわかれば、キャプテンは試合に出しません。これは、はっきり言います。選手本人にも言います。『何で引っ込められたんか？　お前の親が来とったからや。帰って言っとけ』と。そこまで言っとるから、たぶん来てないでしょう。来てもわからんところで観とると思います」

智弁和歌山のグラウンドで試合をやる場合でも、ネット裏は相手校の親だけ。グラウンド整備中などにコーヒーを持ってくるのも相手校の親だ。もちろん、これは練習や練習試合の話。公式戦になれば180度変わる。

「公式戦は練習でやってきたことの発表の場やから観に来てください。そのときに差し入れもしてください。甲子園に出たらお金を集めてくださいと」

苦しい思い、つらい思いをする練習の場は遠慮してもらう。思う存分、鍛えるためだ。その代わり、練習の成果を発表する場である公式戦はウエルカム。このやり方で、チームはうまく回っていた。

「人数が少ないんでこれができるのかなと。和歌山大会でも甲子園でも、上級生になったら自動的にベンチに入れますから」

人数が多ければ、練習試合しか出場機会がない選手も出てくる。そうなると、ベンチに入れない選手の親からクレームが来ることになるが、智弁和歌山ではその心配はない。公式戦になれば、必ず背番号をつけた息子の姿が見られる。少人数制はこんなところにもメリットがあるのだ。

高嶋 仁のセオリー 13

甲子園は天国。行動は自由にさせる

勝てば甲子園出場が決まる和歌山大会の決勝。試合前に髙嶋監督が必ず言うことがある。

「泣いても笑っても今日で終わりやで。行きたいんやろ、甲子園に。もうちらついとるやん。あの天国に行くんよ。負けて泣くんやったら、思い切ってやれ。勝ったら天国、負けたら地獄や」

なぜ、甲子園は天国なのか。もちろん、夢の舞台だからということもあるが、それよりも大阪入りしてからの生活にある。セオリー29で紹介しているように、智弁和歌山では、甲子園に行くために6月から追い込み練習をする。和歌山大会に入っても調整はせず、体はしんどいままだ。ところが、大阪の宿舎に入った瞬間、生活は一変する。

練習は高野連に指定されている2時間のみ。それ以外はフリー。〝何でもあり〟だ。

「外出自由。一人部屋。昼寝もできる。起床時間も、消灯時間もない。ただ、メシの時間だけは決まってて、遅れたら『和歌山に帰りなさい』と。『明日のことを考えたら何時に寝なアカンというのは自分で考えなさい。それがわからんかったら帰りなさい』ということなんやけどね。まぁ、だいたい10分前ぐらいには集まってますよ」

〝遅刻したら強制帰還〟と聞くと、1分でも遅刻したらアウトと思いがちだが、それほど厳密ではない。

「そんなね、1分も2分も変わらんやん。おらんかったら電話して呼ぶ。それでええと思っとる。今まで1回だけかな。上村（恭生）部長のとき、『帰れー！』っていうのがあったけど、それだけでナインはピッとする」

10分など大幅に遅れた場合はこんな言い方をする。

「その場合は本人もやけど、他のヤツを怒る。『お前ら、来てないってわからへんのか？　そのために早く来とんのちゃうんか？　来てないとわかったら電話するとか、ちょっと部屋まで行ってくるとか、それがチームワークちゃうんかい』って言うんやけどね」

多くのチームがきっちり時間管理するなか、なぜこのようなスタイルになったのか。

「管理してたら勝てんかった。何時起床、何時散歩、何時メシ……ピシッとやったら5回とも負けた。それでやめたんよ。『もう、選手に任そう。ここまで来たらええやん』って。彼らは甲子園に行くために必死にやったんやから。あとは、ほったらかし。言うのは、『頼むから1回戦だけは勝ってくれ』

ということ。1回戦まではなんやかんやあるから、夜は出られへん。1回戦を勝つと5、6日あくから、なんぼでも出ていける（笑）」

6月からの追い込みは過酷だ。他校の追随を許さない。だが、その苦しみの後には天国が待っている。アメとムチの使い分け。だから選手はがんばれるのだ。

高嶋 仁のセオリー14

誰で勝負するのかを明確にする

チームには、顔となるべき核になる選手がいる。勝っても負けても、最後に勝負する選手。その選手で勝負してダメならしかたがないと思える選手。チーム内でその意識が共有されているかどうかで結果は大きく変わってくる。

その意味で、髙嶋監督が悔いを残しているのが2000年センバツ決勝・東海大相模戦だ。2対4とリードされて迎えた9回表。一死から小関武史、堤野健太郎の連打で一、二塁となり、武内晋一（元東京ヤクルト）に回った。2年生ながら三番を打つ武内は打つ気満々。カウント1－1からボール気味の内角ストレートにも手を出して（ファウル）1－2と追い込まれると、最後は外角のボール球ストレートを空振りして三振。四番の池辺啓二につなげず、試合は終わった。

「あそこで僕が求めたのは『自分で決めようとするなよ』ということ。自分で決めようと長打を狙うと、強引になってボール球に手が出てしまう。自分で決めようとせずに、『池辺につなごう』という意識ならボールは振らない。絶対フォアボールになっとんですよ」

決勝戦の土壇場。リードされている場面でのチャンス。打力に自信もある。積極的に振っていくのは間違いではないかもしれない。だが、それは個人の考え。チーム全体の考えではなかった。

「武内は確かにええバッターですけど、まだ下級生なんですよね。池辺は上級生。やっぱり、チームで勝負できるのは池辺なんです。2アウト満塁で池辺が三振してもチームは納得する。逆にいえば、仮に武内がホームランを打って勝っても、それは違う」

あくまで主役は池辺。この場面では、武内はわき役に徹しなければいけなかった。同じ負けるにしても、納得できる終わり方とそうでない終わり方がある。いつも選手に任せるばかりではいけない。誰が主役で、誰で勝負するのか。監督はそれを明確にし、選手に伝えなければいけないのだ。

高嶋 仁のセオリー 15

準備と確認のクセをつける

「結果が出た後の反省は反省ではない」

高嶋監督がよく言うことのひとつだ。

「悪い結果が出て反省するのは誰でもできます。『こういうことになるんちゃうか』と考えて、それをせんようにするのが準備ですよね。それは、よう言います」

例えば、接戦で迎えた終盤の守り。走者が二塁にいて、打順は下位。外野手はどこに守ればいいのか。

「『どこに守ってんねん』というのがあるやないですか。そういうときって、ポテンヒットで点が入ったりする。アホか、そんなん最初からわかっとるやないかという話です。『打てん子やったら、ひとこと声かけろよ』って。そこですよ」

点差、イニング、打者の打力、投手と打者の力関係などを考え、ＪＫ（＝準備と確認）をする。さらにそれをJK（＝事前の声）で伝え、チーム全体にJK（＝情報共有）する。それが、この場面でやるべきことだ。「わかっているだろう」ではなく、わかっていても確認、再確認する。そこまでしなければ、後で取り返しのつかないことになる。その意味で、髙嶋監督がよく例に出すのが、自らネット裏で観ていた2016年センバツの決勝・高松商対智弁学園の試合。1対1の同点で迎えた延長11回裏、二死一塁の場面だ。打者は投手ながら打力のある村上頌樹。勝ち越しの走者は一塁にいる。長打だけは避けたい場面だ。ところが、高松商のセンターはほぼ定位置にいた。初球を打った村上の打球はセンターの頭上を越える。その間に一塁走者が生還し、智弁学園が優勝を決めた。

「1点取られたらサヨナラなんやから、外野は後ろへ行かなアカン。それが、全然動かんのです。『あれ、指示が出てないな』と思った。バッターはピッチャーやけど、クリーンアップを打てる子。それは調べたらわかるんです。あれは、『長打はアカンで』とひとことかけとったら捕れてる。たったのひとことと。一歩でも二歩でも下がっとったら捕れとるんですよ。だから、普段から確認とか準備のクセがついてないんやなと。あれは大きいですよ。普段の練習、練習試合でひとことと言うのが浸透しとったら、点は入ってない」

甲子園の決勝の延長でそれが出るのだ。大事な場面できっちりとJKができるかどうか。これは、普段の練習から習慣づけするしかない。常にJK（＝状況を考える）のクセをつける。反省ではなく、準備をする。毎日のくり返しが、甲子園で勝てるチームをつくるのだ。

第2章

準備と工夫

高嶋 仁のセオリー 16

内野ノックは5種類を打ち分ける

ノックを始めたら時間を忘れる。それが高嶋監督だ。10分のつもりが、気づいたら2時間たっていたということは珍しくない。それぐらい、のめり込んでしまうのだ。「守りのチーム」を自負するだけに、うまくなるために妥協は許さない。

「ノックでは捕れるような打球は打ちません。やっぱり、捕れるか捕れへんかというところに打って、100パーセントの力で行けば捕れる、97パーセントで行ったら捕れないというところへ打たないとアカン。10センチ先を捕れたら、次はもう10センチ先。そうすることによって、毎日毎日、守備範囲がだんだん広くなるということですからね。ノックをしながら対話する。だからおもしろいですよ」

内野ノックでは決して同じ打球を打たない。微妙に打つ感覚を変え、打球の種類を変える。

「常に5種類のノックをしてます。普通に打つので1種類。ずらしたり、かち上げたりしながら、スライスする、フックする、ドライブする、伸びる打球で、計5種類。できるだけ実戦に近いノックをする。頭はたいしたことないけど、考えとることはちゃんとやっとるんです（笑）」

ノックは選手との貴重なコミュニケーションの場。叱咤激励しながら、愛情たっぷりに1球1球、想いを込めて打つ。

「『このボールで絶対エラーさせたろう』と思うんですよ。そうすると、やっぱり、エラーしたり、ファンブルする。これがノックなんです。普通に打ったら捕りますから」

個々の力を見極め、捕れるか捕れないかという場所へ正確に打つ。それにはノックの技術が必要だ。

「ショートの守備位置にボールを置くじゃないですか。3球打ったら1球当たる。その自信はありました。『オレのノックであそこに絶対当たる』という自信ね。もうひとつは、キャッチャーフライ。まっすぐ上げるのは誰でもできる。オレはバックネットまで20メートルだったら、20メートルのところへ（後ろを）見ないでぎりぎりのところへ打つ。パッと上げるのは簡単なんよ。20メートル向こう側に落とすというのが難しい。オレはそれを誇りとしてやっとった」

キャッチャーフライを打つときは、トスを上げる位置は変えず、体をややボールの方向に入れて打つのがコツ。髙嶋監督本人は「そうでもないよ」と否定したが、そこまでの域に達するにはノックの練習をかなり重ねたはず。ピンポイントを狙って5種類の打球を打ち分ける技術と、選手を「うまくさせてやろう」という想い。これが、守りのチームをつくっていた。

髙嶋 仁のセオリー 17

外野ノックはニューボールで伸びる打球を打つ

内野ノック同様、外野ノックにもこだわりがある。

「内野はそうでもないんですけど、外野はね、古いボールだと伸びる感覚がないんですよ。カーンといっても、必ず落ちてくる。くっくっくっと伸びるようにするには、ええボールじゃないと。だから夏の大会とか、大事なゲームの前になったら外野ノックは一番新しいボールでやります」

外野ノックを打つ際のポイントはトスだ。あえて、低めに上げる。

「トスが高いと遠くには行きますけど、フェンス前で失速する。これは誰でも捕れるんです。低いトスだとライナーでくっくっくっと伸びる。ぐーっと伸びる打球を頭の中に叩き込まなアカンのです」

強豪校とそうでない学校の差は外野手の守備力に表れる。特に守備位置よりも後方の打球。後ろへの打球の強さが全国で上位に行けるかどうかのカギになる。

「外野手は打球がぐーっと伸びるというつもりで走らなアカン。一番大事なことですね」

前寄りに守った状態から、後方へ伸びる打球を捕る練習をくり返す。

「目を切って、ボールはこのへんに来ると（落下点を）予測して、そこへ行ってパッとふりかえって捕る。外野手で目を切れない子は下手です。上手な子は目を切って行く」

外野手の守備練習は、打撃練習で打者の打った打球を追いかけるのが一番だ。だが、智弁和歌山は少人数ということもあり、打撃練習は打ちっぱなし。守備につく選手はいない。そのため、外野ノックが守備上達に欠かせないものになる。うまくするためには、いかに実戦に近い打球を経験するか。そのための工夫が、ボールとトスの位置なのだ。

高嶋　仁のセオリー　18

試合前のノックは2種類を使い分ける

練習試合では、相手によって試合前のノックを変えるのが高嶋流だ。

「格下とやるときはガンガン打つ。わざと捕れんような、むちゃくちゃな速い打球を打つんです。その打球に飛びつく、捕れない。それで怒るわけや。『アホ、ボケ、捕らんかい！』って。相手は『智弁って、こんなノックしとんのか。すごいな』となる。その時点で勝っとるんです」

逆の場合は、こうなる。

「対等か格上とやるときは、確実にきちっと捕れるところに打つ。きちっと捕って、きちっと投げる。『おっ、智弁、できあがっとるな』と見せるわけ。その2種類を使い分けとるんです」

ただ、甲子園の試合前は1種類のみになる。

「甲子園ではエラーさせんように、させんようにノックしてます。『できあがっとるな、うまいな』

と思わさなアカンですから。以前は甲子園でも速いのを打っとったんです。『オレの打球より、みな遅いよ。これを受けとけば、誰の打球でも大丈夫や』と。速い打球を見とると、遅い打球が飛んできたら、軽く捕るんです。でも、速いノックはエラーするんですよ。甲子園に出て恥かかさんでええ、悪いとこ見せんでええんちゃうかと思って緩くしたんです」

ノックもいわば心理作戦。相手にはもちろん、観客にも与える第一印象を大切にしている。

また、ときおり、甲子園でも速射砲のようにポンポンポン打つ監督がいるが、髙嶋監督はそれはしない。ノックはショーではないからだ。

「ノックって、やることは決まってますからね。ポンポンポンポン打って何球受けさせるとか、そんなこととせな勝てんのかという話ですよ。甲子園まで来てバタバタする必要はない。なるようにしかならんのやから」

重視するのは、リズム。ただでさえ、急かされる甲子園。ノックから余裕を持たせるように意識している。

「パッとあがるようにしてますね。（ノック時間は）7分あるけど、理想は5分ぐらいで余裕を持って終わる。きっちりぎりぎりまでやる人がおるんですけど、あわただしいんですよね。できるだけ恥かかないように、いいリズムで終わるように。このやり方になったのは、優勝したぐらいからですね。余裕が出てくるんでしょうね」

特別なことはしないが、いつも通りであることにはこだわる。

「甲子園でも怒るで～。ポロポロしとったら。いつも通り、エラーしたら怒る。それでええと思います」

ちなみに、満員の甲子園でもセンターの選手に髙嶋監督の声は聞こえるらしい。他の選手の声は聞こえていなくても、監督の声は別。選手たちがそれだけ普段から監督の声に耳をすませている証拠だ。

試合前のノックで雰囲気をつくり、いかにこちらのペースに持っていけるか。髙嶋監督のこだわりと工夫。試合前から、試合は始まっている。

高嶋 仁のセオリー 19

雨でも守備練習をする

甲子園は雨でも簡単には中止にならない。甲子園で勝つことを目指す以上、雨の中でも練習するのは当然だ。高嶋監督は雨の中でのノックを重要視していた。

「雨が降っとっても、内野に水がたまってなかったら守備練習をやります。雨がやんだら、水がたまっとってもやります。大会のことを考えて月に1、2回はやります。（ボールやグラウンドが）ぬれてる状態でいかに投げるか。ぬれとるから投げにくいんです。その練習をしとかなアカン。選手に言うのは、『お前が捕って投げにくいってことは、バッターも打って走りにくいんや。まったく同じ条件や』と。野手も投げにくい、打者も走りにくい。だからストライクを投げる練習なんです」

ポイントは捕球後、ボールを通常の握りではなく、5本の指で握ること。

「普通の握りだと滑るんです。速いボールを投げなくても、殺したらええわけですから」

抜けないように5本の指で支え、速さよりもコントロールを重視して投げる。グラウンドに水がたまっていれば、ボールが転がりにくくなる。いつもより打球が来ない分、あわててしまいがちだが、打球と同じように、打者走者のスピードも遅くなる。それが頭に入っていれば、たとえ緩い打球でも焦る必要はない。練習での準備と試合での意識の準備。これが雨の中の試合での心のゆとりにつながっている。

髙嶋　仁のセオリー　20

全国ナンバーワン投手を想定した打撃練習をする

　160キロの球をガンガン打つ。

〝酷使〟するため、他のチームよりもマシンが故障するのが早いといわれるのが、智弁和歌山の打撃練習だ。圧縮力を高めるため、ボールが飛び出すマシンのドラムとドラムの間を少し狭める。通常は5年に1回替えればいいというドラムを1年で5回替えたことがあるというほどだ。そこまでしてとんでもない速球を打つ練習をするきっかけは、甲子園で5連敗している当時にスタンドから聞こえてきた観客のひとことだった。

「おい、智弁和歌山。また負けに来たんか」

「カチンときた」という髙嶋監督だが、同時にこうも思った。

「そやな。甲子園で勝つ練習してなかったな」

そこで始めたのが、〝和歌山の一番いい投手の球速プラス10キロ〟の球を打つことだった。140キロなら150キロ。和歌山のレベルに合わせるのではなく、常に全国レベルに照準を合わせる。甲子園に出ても、「いつも通り。練習通り」と言えるようにするためだ。

「もうひとつは、プロのスカウトに『全国にはどんなええピッチャーがおるんや』と訊く。『どこの誰はこれぐらいの球を投げる』と聞いて、そこにセッティングするようになった。打つ数も増えましたね。とことん納得するまで打たす。そういう感じはありました」

髙嶋監督がもっとも打つことに執念を燃やしたのは駒大苫小牧・田中将大（現ヤンキース）だろう。田中は2年秋の神宮大会で150キロの速球と130キロ台後半のスライダーを投げて優勝。打者を寄せつけない圧倒的な投球だった。ネット裏で観ていた髙嶋監督は、和歌山に帰ってすぐ選手たちに「田中をやっつけるためにこれから練習をするで」と宣言。マシンを160キロの速球と140キロのスライダーに設定して打撃練習を始めた。さらにその冬にはわざわざ北海道まで足を運び、駒大岩見沢の佐々木啓司監督（当時、現クラーク国際監督）に「田中はどうやって打つんや?」と訊いている。

〝超速球〟の練習をするにあたり、髙嶋監督が並の監督と違うのは、我慢できることだ。打てなくてもやめずに続ける。打てるようになるまで待つ。

「160なんて、ウチの下級生は打てないですよ。そんなん見たことないですから。でも、2年生になったらカンカン打つ。慣れしかないんですよ。打てるまで打て。よその監督がウチの練習を観に

智弁和歌山の打撃練習。常に全国レベルに照準を合わせる

来るじゃないですか。『やっぱり速い球を打たなアカン』と言って、帰って打たす。1週間たっても当たらんですよ。だんだんスピードを緩めるんですね。135ぐらいになったらカンカン打つんです。それはそれでいいんですけど、甲子園に出て勝とう思うたら、化けもんが必ずおるじゃないですか。僕はそれを常に頭の中に入れてるから、打つ、打たんは別にして打たせとんです」

智弁和歌山の選手といっても、初めから打てるわけではない。毎日、毎日打ち込んで、やっと打てるようになるのだ。やめずに毎日継続するから、動体視力も鍛えられる。ビジネスでも「もう少し続ければ変わるのに……」というところでしびれを切らしてしまう人が多いというが、野球の指導も同じ。時間はかかっても、できるようになるまで待つ。それができる人が強いのだ。

田中将大対策をして臨んだ2006年夏の甲子園。3回戦で対戦したのは最速151キロを誇る八重山商工・大嶺祐太（現千葉ロッテ）だった。

「試合始まって選手に訊いたんです。『おい、スピードどうなんや』と。そしたら、『ウチの練習のほうがなんぼか速いです』と言うた。それで、『よしわかった。10点取れ』と。8点しか取れんかったけどね。やっぱり、選手にしたら遅いんですよ。そんなもんやと思うんですけどね」

大嶺は高校生ドラフト1巡目で指名された投手。その投手から8回途中で交代するまで広井亮介の3ラン本塁打を含む8安打で7点を奪ってみせた（降板後も得点し、最終的には8点）。ちなみに、準決勝で駒大苫小牧・田中と対戦したときにも、選手たちに同じ質問をしたが、返ってきた答えはこうだった。

「まっすぐはいけます。でも、スライダーもまっすぐに見えます。打ちにいったらありません。消えます」

それを聞いて、髙嶋監督は「今日は終わったと思った」。2回途中から登板した田中に4安打、10三振で1点しか奪えず敗れた。どれだけレベルを上げて練習しても、それを上回る怪物はいる。だが、その怪物を想定していれば、大嶺クラスの投手を並の投手と思うことができる。

「『田中のマーくんをやっつけたろう』って監督がワクワクするっていうことは、選手もそうなると思いますよ」

常に日本一に照準を合わせ、できるまでやる。これが、全国で勝つ練習なのだ。

髙嶋 仁のセオリー 21

左右、内外、緩急に対応できる打撃練習をする

智弁和歌山の打撃練習というと速球を打っているイメージが強いが、もちろん他のボールにも対応できる練習をしている。打撃練習をする際は4か所。時期などにより変わることもあるが、速球、右変化球、左変化球と手投げまたは下からボールが出てくるスローボールマシンという場合が多い。打撃練習をするときは打つことに集中するため、守備につく選手はいない。打つ選手とマシンを操作する選手以外は、後ろでティー打撃をしながら順番を待つ。

打撃練習をするにあたり、髙嶋監督が心がけていたのは、「偏りをつくらない。欠点をつくらない」ことだった。

「ピッチャーを大きく分けたら右、左、変則の3種類。それを常に意識しながら、毎日の練習に取り入れるという考えなんです。毎日、右の変化球も、左の変化球も、変則も打っとる。それによって、

試合でどんなタイプが来てもあわてることがなくなる。これが偏っていたら練習してないピッチャーは打てませんけど、毎日いろんなボールを打つことで、どんなピッチャーが来ても対応できるようになると思います」

偏らないようにしているのは投手のタイプだけではない。

「速いのを打った後は緩いのを打つ。絶対両方やらないとダメ。外は打てるけど内は打てない。内は打てるけど外は打てない。まっすぐは打てるけど変化球は打てない。変化球は打てるけどまっすぐは打てない。これでは勝てないんです。インコースでホームラン打たれたら次はアウトコースに来ますよ。それを打たないと外が弱いなとなる。外に来たらライト前に打てるような選手でないと甲子園では勝てません。だから、外も内もまっすぐも変化球も何とか対応できるように、できるだけ穴を少なくしようとやってます。そのためには数多く打つ。特に高校生は技術的に未熟ですから」

とはいえ、基本はまずストレートを打つこと。そこには、高嶋監督のこんな考えがある。

「高校生って、やっぱりまっすぐなんですよ。まっすぐをしっかり打てる子は、変化球を何とかするんですよね。まっすぐをきちっと打てん子は、なかなか変化球も打てないんですよ」

ただ、マシンでストレートばかり打っていると弊害もある。「1、2、3」のリズムでタイミングさえ合えば飛んでいくからだ。これでは、緩急を使われたら打てない。変化球に対応する〝間〟をつくるためにも、変化球マシンが大切になる。

「だから緩い球も必要なんです。まっすぐは少々目が離れていても勘で打てる。変化球はしっかり呼び込んで打たないといけない。ボールをよく見ることにもつながります。それと、緩いのを打つのは、フォームを固める意味もあります。右（投手）も左（投手）もセンターから逆打ち。（右打者の場合）左の変化球は中に入ってくるじゃないですか。それを引っ張るんじゃなしに、詰まってもええから逆方向。逆へ打つということは、手元までボールを持ってくるんですね。引っ張るとなると、どうしても先で打つんです」

打ちにいかず、引きつけて逆方向に持っていく。この意識づけをするのが変化球打ちだ。トスマシンは変則投手の緩い球の練習でもあるが、この他にマシンを低くして、出所を下げてサイドスローの練習もする。ちなみに、打撃練習では竹バットを使用。手がしびれるため、芯で打つようになる。変なところで打っても飛ばないからだ。ただ、打ち損なうとすぐに折れてしまうという理由で、高速マシンを打つときのみ金属バットを使用する。

打撃練習をする際、髙嶋監督が常に選手たちに言うことがある。ひとつは、「まぐれでセンター前はいらない」。

「センター前はいつでも打てるようにと。ヒットというのは狙い打ちせえということですね。三遊間に打つんやったら、三遊間にパーンと狙い打ちできるのがヒットやと。ホームランはそうそう打てるもんじゃない。だから、まぐれはホームラン。ライナーを打とうとして、いいところをつかまえたら入る。一番いいバッティングというのはホームランですからね。いろんな要素がそこに入ってるからホームランが出る。だから、まぐれがヒットやったらアカン。まぐれでホームランが打てない選手はいらんと」

もうひとつは、「当てにいくな」。

「ランナーが二塁にいて、追い込まれたときにランナーをサードに送る。それは当てることもあります。でも、それ以外はしっかり自分のスイングで打てと」

世界のホームラン王・王貞治も「練習では120パーセントの力で振れ。そうすれば、試合では80パーセントでいい」と言っている。常に全力で振るからこそ、力がつく。常にフルスイングしていれば、力を抜くことはいつでもできる。当てにいく打撃では、何も生まれないのだ。

左右、内外、緩急。どんなタイプが来ても、どんなコースにどんなスピードが来ても対応するには、しっかりと自分のスイングをすることが第一。合わせにいく打撃では、力も対応力も身につかない。だから髙嶋監督はそこにこだわるのだ。

高嶋 仁のセオリー 22

一死一、三塁を想定して打撃練習をする

智弁和歌山の打撃練習は一死一、三塁を想定した状態から始まる。この場面に高嶋監督が大事にしていることが詰まっているからだ。

「何を考えてフリーバッティングをするか。どこへ打ったら点になるかを考えてやれと」

野球は最悪を考えることが大事だ。この場面なら、もっとも避けたいのは併殺打になる。

「足の速い子でも、ゴロ打ったら怒ります。『お前、ゲッツーやないか』と。いい当たりをすればするほどゲッツーになる。それは、間を抜けることもありますよ。でも、それはたまたま。コースにきっちり来たら絶対正面に行きます。野球は確率のスポーツ。確率の高いところに守っとるわけですから」

点を取るためにもっとも確率が高いのは何か。そのために何をすればいいか。それを考えてやるの

が練習だ。

「確実に内野の頭を越すか、外野まで持っていけと。外野フライは間に行ったら大量点になるわけですから。外野まで持っていこうとして、まともに当たったら入ってしまった（ホームラン）ということもある」

あるとき、北海道に講演で呼ばれたときはこんなことがあった。年配の北海道高野連釧根支部会長が、「ゴロを打て」と指導していた。「ゴロを打てば野手が捕って、ファーストへ投げて、ファーストが捕って初めてアウト。その過程でミスが起こればランナーに出られる」。それを聞いた髙嶋監督はこう言った。

「会長さん、それは違います。そんなチームは甲子園に出られません。甲子園に出るチームはそんなミスはしません。相手のミスを待っとったら勝てません」

そこで話に出したのも、この打撃練習のことだった。

「僕はゴロ打ったら怒ります。内野フライならＯＫ。アウトはひとつですから」

たとえヒットでも、ゴロの打球であればダメ。それは、やろうとしていることができていないからだ。結果ではなく、やろうとしていることが正解かどうか、それができたかどうか。練習からそこを評価する。

「ゴロでヒット打ったらえらいめにあいますよ。『ボケ』と怒りますから。低めを打つんやったら、ゴロじゃなしに、それを何とかひらって外野へ持っていけと。『低めが来たからゴロを打って、それがゲッツーになりました』って、それは練習せんでもできる。それを何とかするのが練習やろと。どういうボールを打って、どういうボールには手を出さないか。どうやったら外野フライが打てるのか。どうやったら内野ゴロを打たずにすむのか。そういう発想でフリーバッティングもやれと言うとんですけどね」

試合で一、三塁や満塁の場面が来れば、こんな言葉をかける。

「練習通りいけ」

いつも練習しているから、そう言える。普段からどんな意識で練習するのか。やるべきことが明確になっていれば、試合でも迷わない。それがチャンスでの強さにつながるのだ。

髙嶋 仁のセオリー23

打撃練習はいい感じで終わる

「次の日につながっていくような上がり方をせえ」

毎日の打撃練習ではいい当たりを打って終わる。終わり方を大事にするのが髙嶋流だ。

「バッティングは感覚的なものが占める割合が大きいんで、選手にはいつも『ええ感じで打球が飛んでいった感触を大事にせえよ』と言ってます。そのええ感じの感触を次につなげないとアカン。だから、悪い状態であがるなと。悪い状態やったら、もう1回打ち直して、カーン、カーンといい当たりが出だしてからやめなさいと。納得して練習を終わって、そのええ感じを持って次の日に臨むことが大事。それは常に言ってます」

驚くべきは雨の日だ。雨の日は基本的に室内練習場で打撃練習をするが、外にもシートをかぶせてぬれないようにしたバッティングケージが2か所用意されている。

「今はレインボールがありますから。室内だと打った瞬間にネットじゃないですか。(どんな打球がいったか)わからんですよ。だから、外でも手投げで打たす。そこでカーンといい感じで打たせて上がるようにしとるんです」

いい当たりを打って、気持ちよく上がれば、次の日の打撃練習も楽しみになる。「また打ちたい」。「もっと打ちたい」。いかにそう思わせるかも監督の仕事なのだ。

高嶋 仁のセオリー 24

たとえ練習試合でも試合前に打撃練習をする

公式戦の前には打撃練習をしてから試合会場に入る。これが高嶋監督のルーティンだ。近年はどのチームもやるようになってきて珍しくないが、高嶋監督が他の指導者と違うのは決して妥協しないところ。2017年の秋の近畿大会は初戦から第1試合が続く組み合わせになった。試合開始は9時。和歌山市にある学校から会場である大阪シティ信用金庫スタジアム（舞洲球場）まではバスで1時間半。2時間前に到着することを考えると出発は5時半になる。早朝の出発になるため打撃練習はあきらめるところだが、高嶋監督はいつも通り行った。練習開始は何と午前4時。交通機関は動いていないため、選手は親に送ってもらって学校まで来る。ナイター照明の下、打ち込んでから球場入りした。

「4時からやる学校なんてあんのかと思いながらやった（笑）。何で4時から練習するかといったら、甲子園に行きたいから。選手はブツブツ言うとったけど、『甲子園に行きたいんやろ？　行きたいんやったら当たり前やろ?』って。終わってバス乗ったらグァーッと寝とったけど。やっぱり、やる、やらんでだいぶ違いますからね」

和歌山大会では学校から紀三井寺球場までが近いこともあって、十分な打ち込みをしてから球場入りすることができる。

「朝5時からグラウンド貸してくれといっても、貸してくれんでしょ。その点、ウチは1試合めでも十分練習してから行けるんでね。それはよそよりは有利やね」

実は、試合前に打つのは公式戦に限らない。練習試合でも、必ず打ってから試合に臨む。これは、遠征に出たときも変わらない。相手校のグラウンドを借りて、打たせてもらってから試合に入る。

「着いたらすぐにティーバッティングをやります。ティーバッティング用のボールを持っていってます。バスで寝とったのを起こさなアカン。タラタラやっとったら、『もっと速いのを放れ』と言ってパンパン(連続ティー打撃で)打たせます。何もしないで試合に入ったら、5回ぐらいまでヒットが出ない。だから、ノックの前に『頼むからティーやらしてくれ』と。ティーをする場所がなかったら、外野へ向かってロングティー。最低でも、先発メンバーにはやらせます」

寝ていると、体はもちろん、目も寝ている。体を動かすだけでなく、少しでも動くボールを見て目慣らしをする。これが大事なのだ。「やっておけばよかった」ということは避ける。多少無理をしてでも、できる限りの準備をして臨む。まさに〝ここまでやるか〟の精神。それが、勝てる理由なのだ。

高嶋 仁のセオリー 25

試合に勝った後も練習する

勝ったら有頂天になる。試合であったミスを忘れてしまう。それが高校生だ。あくまで目標は甲子園。途中経過で喜んでいては次の試合で足元をすくわれてしまう。勝った後の心のスキをなくすために、髙嶋監督は夏の和歌山大会でも試合後に練習を課す。

「決勝の前ぐらいはしないですけどね。だいたい帰って来て練習です。そんなんよそはやってないですよね。炎天下で疲れるもん」

必ずやるのは打撃練習だ。

「例えば、右ピッチャーに勝ったとき、『次の日が左やったらどうすんねん』ということですね。ピッチャーの種類は大きく分けたら、右、左、変則じゃないですか。その3通りのピッチャーが1試合の中で出てきても対応できるようにして帰す。そのための練習なんですよね。別に疲れる練習をしとるわけじゃないんです。次にどんなピッチャーが来ても対応できるように目慣らしをして帰らす。1試合の中でコロコロ代えられてもいいように。そういう気持ちでやっとんですけどね」

これ以外には、ミスをしたことをやるようにしている。試合でバント失敗をした選手は徹底的にバント練習をする。エラーをした選手は徹底的に守備練習をする。修正して次を迎えるのだ。甲子園に行っても考え方は同じ。試合後の練習こそしないが、試合翌日の2時間の練習は前日に出たミスの練習ばかりやる。

「勝っとるときって、まず負ける気がしない。負けることを考えない。しかし、失敗ってあるんですね。試合は勝ったけど、バントがうまいこと決まらなかったら、次の日の練習はバントばっかり。バッティングも何もせんと、2時間全部バントです。エラーが3つ、4つ出ればノックしかしない。しかも近い距離からのノック。手伝いの先生が『甲子園まで来て、ウチの監督、いつになったら終わるんかな』って言うぐらいします（笑）」

投手が悪ければ、知り合いの学校のブルペンを借りて調整させることもある。すべては次の試合に備えるためだ。

「高校生なんでね。例えば、10対0で勝ったら『天狗になるな』と言っても、なっとるんですよ。それをグッと締めてやらんと。そのままでいったら、次勝てないですよ。ホームランを打ちまくったら？　それは厳しい練習になりますよ。『お前なぁ、たまたまあのピッチャーに合うただけやないか。

違うピッチャーが来ても打てんのか。甲子園で優勝したチームで30本ホームラン打ったバッターおるんか。よくても5本か6本やで』と。そんなふうな言い方しますけどね。やっぱり、天狗にさせたらそれで終わりですよ」

優勝候補に勝ったチームが次の試合で簡単に負けることがあるが、それは、勝った後に締めていないからだ。監督が浮かれていなかったとしても、選手は確実に浮かれている。智弁和歌山の場合は寮がないため、帰る前にしっかり締めておかないといけない。家族や友達など、周りが「明日は勝てる」という雰囲気を作ることがあるからだ。勝った後こそ、精神的に締める。ミスを修正する。面倒でもこの作業を欠かさないからこそ、勝ち続けることができるのだ。

高嶋 仁のセオリー 26

練習試合で死球を食らったら怒る

普段の練習は何のためにやるのか。それは、勝つためだ。

では、練習試合は何のためにやるのか。

それは、普段の練習で力がついたかどうかを確認するためだ。

だから、髙嶋監督は練習試合で死球を受けた選手には「ホームラン打つために来たんちゃうんか」と怒る。

「練習試合は打つために行っとんですよね。だから、デッドボールになりそうな球が来たら逃げろと。何のために毎日150キロのボールを打っとるんや。打たなアカンのやと。公式戦は別ですよ。デッドボールやったらランナーが出るから。もちろん、練習試合も勝つためにやっとんのやけど、目的が違う。『お前らが練習でやってきたことをできるかどうか見とんのや。アカンかったら、もう一回練習し直したらええんやから』と言うんですよ」

結果が出なければ、いいところも悪いところもわからない。悪ければ、何が悪かったのか。それを考え、改善しようとするのが練習でやるべきことなのだ。

「ピッチャーにも言います。『フォアボールはアカンやろ。打たれたら、何で打たれたか勉強になるから打たれろ。それが練習試合や』って」

練習試合は力試しの場。勝負して、結果が出て、自分の実力ややるべきことがわかる。その機会を無駄にしないようにするための意識づけの方法。それが、死球禁止なのだ。

高嶋　仁のセオリー　27

ライバルには正面からぶつかっていく

甲子園に行くためには、必ず大きな壁がある。

奈良では天理、和歌山では箕島が高嶋監督に立ちはだかった。壁をどうやって突破するのか。高嶋監督が選んだのは、逃げないことだった。

智弁学園を率いていた1975年。期待の1年生が入学した。のちにプロで最優秀防御率のタイトルを獲る山口哲治（元近鉄）。中学時代は公式戦で全試合完封して優勝という剛腕だった。

「入ってきたときからよかったんです。これで甲子園行けなかったらクビやなと」

甲子園に行くためには、天理を倒さなければいけない。天理との対戦になれば、必ず山口を投げさせた。

「下級生のときは、どっちみち打たれるやろうから勝てない。でも、投げとるうちに、山口本人がどんなボールを打たれ、どんな変化球が通用したかを自分で考えよると思うたんです。本人にもそれを言い聞かせてやったんですけどね。(何度も対戦するのは)マイナスもプラスもありますけど、ピッチャーが自信を持ったらそれが一番ええと思うた。結局は勝つためですよ」

格上の相手と対戦する場合、本番まではエースを投げさせずに隠すことが多い。対戦経験が増えれば、相手にも対策されるからだ。だが、髙嶋監督はどんどんぶつけていった。相手に慣れられることよりも、こちらが得ることのほうが多いと判断したのだ。

「3年生になったとき、山口が何を言うたかといったら、『投げながら天理のバッターの動きを見れば、ボールを離す前に何を狙うとるかわかる』と。これで勝てると思いました」

山口が1年生時、2年生時はともに奈良大会決勝で天理に敗れたが、3年生になった77年は準々決勝で天理を3対0でくだすと、その後の紀和大会も制して甲子園出場を決めた。

和歌山では箕島が雲の上の存在だった。髙嶋監督が奈良から異動してきた前年の79年に春夏連覇と絶頂期。夏の大会では83年から86年まで4年連続で敗れた。箕島が他校に負けた87年、89年は甲子園に出たが、88年夏も箕島に敗退。目の上のたんこぶだった。

「やれば負ける。何とか打ち破る方法はないかといろんなことを考えた結果、答えはひとつしかなかった」

髙嶋監督がとった行動は、箕島に練習試合を申し込むことだった。断られるのを覚悟でお願いしたが、尾藤公監督は快く引き受けてくれた。以後、10年以上にわたり、5月5日が定期戦になる。

「練習試合をするということは、自分とこの弱いところも出すんですけど、箕島の弱いところもわかるんですよね。箕島の選手や監督の気持ちがどういうものなのかをつかもうとした。『尾藤野球ってどんなんやろう?』といろんな意味で研究しました」

髙嶋監督がもっとも疑問に思っていたのが〝尾藤スマイル〟。甲子園のベンチではいつも笑顔の尾藤監督がテレビに映る。なぜ甲子園でニコニコできるのか。

「練習試合をすることによってよくわかった。むちゃくちゃ厳しいです。そうか、こういう厳しさがあるから、甲子園に出たら『お前ら好きにやれ』という意味なんだなと。これはマネしてます。だから、甲子園で腕組んで『好きなようにやれ』と言っとるんです」

91年夏に初めて箕島を破って甲子園出場。それ以降は県内での立場も完全に入れ替わった。逃げている、避けている間は何も変わらない。やられるのを覚悟でふところに飛び込んでいく。痛い思いをするから得られるものがある。〝逃げない勇気〟が髙嶋監督をつくっている。

髙嶋 仁のセオリー 28

練習では決勝を想定してプレッシャーをかける

「普段通りやる」「いつも通りやる」

公式戦になるとそんな言葉を使う高校生や指導者は多いが、普段の練習が公式戦のような緊張感があるものになっているかというと疑問だ。その点、智弁和歌山の練習は違う。髙嶋監督自身も自信を持ってこう言う。

「オレはプレッシャーに負けないように指導しとる。それは決勝。決勝に行ったら否応なしにプレッシャーがかかる。そこで負けたくないんで、常に練習のときからプレッシャーをかける。それは絶対必要ですよ。練習の中に緊張感がなかったらダメ。だから、『甲子園決勝2アウト満塁。ファンブルしてもアカン』といつも言う」

怒りながらケンカ腰でノックをするのは当たり前。それが1~2時間は続く（これだけでも選手は大変だが……）。それ以外にもプレッシャーのかかる練習をする。ボール回し10周60秒以内、ボール回し100周ノーエラー、外野手から三塁へ5球連続ストライク返球、単打で二塁走者を本塁で刺すまで終わらない練習などがあるが、その中でももっとも効果があるのが内野のノーエラーノックだ。サードゴロから始まり、一塁送球。その後にボール回しが入る。サードなら5―3―2―5―2、ショートなら6―3―2―6―2、セカンドなら4―3―2―4―2、ファーストなら3―5―2―3―2。これをノーミスで5周。エラーした瞬間、ゼロからのスタートになる。

「簡単なことなんやけど、コチンコチンになる。普通にしたら10分もかからへん。それが1時間から1時間半かかる。たったの5本なんやけど、プレッシャーかかるんですね。やっぱり、最後になるとどっかでミスが起こる。それが高校生なんです。ウチはAクラスと違う。Bクラスの子やからそうやってプレッシャーに打ち勝つようにしていかないと。そのプレッシャーの中で自分のプレーができんかったら決勝では勝てない。そういう気持ちで厳しくやっとるんですけどね」

終わりが見えたときこそが勝負。「あと1周」と思った瞬間、ミスが起きる。9回2アウトで「勝った」と思った瞬間に油断してミスが出るのと同じだ。勝負は下駄を履くまでわからない。

「伊都と決勝をやったとき（1996年夏の和歌山県大会）、4対0で勝っとったのを4対4に追いつかれた。ところが、伊都は『ひょっとしたら甲子園に出れるんちゃうか』と思うた途端にガチッとなった。ショートゴロ悪送球、セカンドゴロ悪送球と立て続けにエラー。結局エラーで点をもらって

10対4で勝った。そこですよ。相手はプレッシャーに負けた。ガチガチになった」

　その試合、髙嶋監督が選手たちに言い続けていたのはこの言葉だった。

「肩の力抜いて普段通りやれ。普段通りやったら勝てる」

　普段の練習をいかに試合に近づけるか。プレッシャーを与えるか。普段と本番の差が大きければ大きいほど、「普段通り」はできない。逆にいえば、普段からガチガチの緊張感を経験させているから、それを解くことができる。

「『お前らなぁ、あの練習に比べたら、あのときのハートに比べたら、こんなんなんてことないやろ。なに失敗怖がっとんねん』と言える。ウチはトップの選手は来ない。トップの選手とのギャップを埋めてやって初めて甲子園で勝負できる。そのまんまいったら勝てないですよ」

　髙嶋監督がプレッシャーをかけるのは練習だけではない。練習試合や春の公式戦でも負けたら100本ダッシュを課すのは当たり前。点差のノルマを設定して達成できなければ1点につき10本のダッシュが課せられることもある。2012年3月の練習試合ではこんなこともあった。前年秋の和歌山大会で公立校の那賀に1対8で大敗。悔しさのあまり、試合直後に「来年3月に頼む」と練習試合を申し込んだ。その試合で、選手にはこう言った。

「お前ら、同じチームに2回負けたらわかっとるやろうな。100本は慣れとるから、今日は1000本や」

選手は「それだけは勘弁」と必死にプレー。5対0で勝利した。

常々「プレッシャーに耐える心を育て、プレッシャーを解いてやる作業を施すのが強豪校の監督の一番の仕事」と言う髙嶋監督。いかにプレッシャーのかけ方が〝半端ない〟か。それを物語る話がある。あるとき、メンタルトレーニングを指導する日体大の後輩が練習を観に来たことがあった。髙嶋監督が、「ウチも指導してくれよ」と言うと、その後輩はこう言った。

「先輩、智弁はメントレいりません。あれだけプレッシャーかけとったらやる必要ないです」

メンタルトレーニング不要のプレッシャー練習。それが夏の和歌山大会決勝23勝1敗、そして甲子園での強さにつながっている。

髙嶋 仁のセオリー 29

大会前は追い込む、調整しない

髙嶋監督の辞書に「調整」の2文字はない。

夏の大会が近づくと練習量を落として調整する。それが一般的な考え方だ。ところが、髙嶋監督は違う。大会前は猛烈に追い込み、大会に入ってもいつもと同じように練習する。

「人と同じことをしてたら甲子園では勝てない。やっぱり、目標は夏の甲子園で勝つことですから」

地獄の6月――。

選手たちがそう呼ぶように、6月に入ると〝追い込み〟が始まる。この時期にどのような練習をするのか。年によって多少異なるが、だいたいはこんな感じだ。練習前に50メートルダッシュを30本。練習後に100メートルダッシュを100本。腹筋、背筋は各2000回。素振りは最低740本がノルマだ。

「全力疾走じゃないですよ。全力だと続かないし、フォームがバラバラになりますから。それよりも、八分ぐらいでいいフォームで走る。淡々と走るのを大事にしてます。全力でやらせるときはタイムでやります。50メートル30本を7秒とかね。それ以内に入らん子は永久に走らなアカン。といっても3倍まで。30本なら90本にいったら終わりやけど」

練習試合は試合前に2時間の練習。遠征に行っても、これから試合をやるというのに、50メートルダッシュを30本から50本はやる。それが終わると、さらにノック。相手校のグラウンドなのに、智弁和歌山の選手が先に来て練習しているということも珍しくない。なぜ、そんなことをするのか。

「最悪の状況で試合をするということ。最悪の条件で試合をしておけば、（大会では）体調を整えてやれば負けることはない。苦しい状況で勝つことが一番の薬になる」

練習試合でもノルマがある。負けたら100メートル100本は当たり前。タイヤを引いての100本もある。そのタイヤも当初は乗用車用のタイヤだったが、「軽くて浮いてしまう」という理由で廃棄。ずっと引きずれるようにトラック用のものに変更した。この他にも、投手は1失点につき1万メートルマラソン。攻撃も相手校や相手投手の力量によっては〝ハンディ戦〟になることがあり、髙嶋監督が得点ノルマを設定。20対0で何もなし、20対1だとマイナス1でポール間ダッシュ10本を課される。

「選手は走りたくないから20点取るためにどうするか考える。追い込まれてもくさい球をカットしてフォアボールを選ぶとか、『このピッチャーのスライダーは手出さんほうがええぞ』とか声をかけてやるようになる」

これが1か月続くのだから、選手たちは疲れてヘロヘロになる。この状態で試合をするため、大会序盤は本来の力が出せない。

「1、2回戦は最悪の状態ですよ。フラフラしてるから、『うわー、今年の智弁はたいしたことない』ってみんな思うてますよ。だから、負けるときは1、2回戦で早く負ける。和歌山大会は10対0で勝たなくてもいい。10対9で勝ったらいいんです」

大会に入っても調整はしない。試合後も学校に戻って練習だ。だが、追い込みの時期と異なるのは練習の量。通常の練習メニューに戻るのだ。

「大会に入ったら普通の練習をするんです。いつもやっとる練習に戻すだけなんですよ。追い込むときは、普段50の練習時間、練習量が100になるじゃないですか。それを50に戻すだけ。普段の練習になるだけなんやけど、楽なんです。それが調整になるんですね。普段の練習でも、『今日は走り込み100本や』と言うとって、『時間ないから50本でええわ』となったら『よっしゃー』となるやないですか。それといっしょですよ。50本もしんどいんやけど、半分に減ったというだけで気持ちが違う。だからウチは調整なんてしたことないんです」

なぜ、ここまでやるのか。それは、甲子園で勝つためだ。

「勝つか負けるかは神様しかわかりません。でも、それだけの準備はしておこうと。結局、12連勝（和歌山大会、甲子園ともに1回戦から登場した場合6勝ずつ）したら優勝なんです。11試合めまではよかったけど、12試合めにバテたらアカンわけ。それを1か月半の間に、それも40度近いところでやるわけでしょ。そこでバテない体力ですよね。夏ですからしんどいですけど、それでへたるような体力やったら、甲子園に行っても勝てない。へたるということは、それだけ追い込んでないということ」

髙嶋監督には、「甲子園に出ても、勝てないなら仕方ない」という思いがある。「負けるなら早く負けたほうがいい。そのほうが早く新チームをスタートできる」という思いもある。とはいえ、選手の中には、「甲子園に出るだけでもいい」と思っている選手がいるはずだ。

「そういう子もおるでしょうね。選手には、『ウチは出るだけじゃ満足してくれない学校や。甲子園に出たら3つ、4つ勝たなアカンチームやで。そういうところに君らは入ってきとるんや。甲子園で勝負するチームやで』と。気持ちを強く持って上を目指すようには、毎日のように言ってます」

ここまでやってきて、甲子園にたどり着けば、あとは天国（セオリー13参照）。練習は実質1時間半。天然温泉つきのホテルで個室。昼寝も外出も自由になる。

「甲子園で優勝したときに思うことは、『やっぱりこいつら練習したくないんやな』と。負けたら帰って練習ですからね。帰ったらまずランニングから始まるってみんな知っとるわけですよ。また100本走らなアカン。あれをやりたくない、1日でも長く延ばそうという思いで後ろまで残ってくれたんやと思ってます。練習が楽だったら、絶対そんなこと思わんですよ。厳しくやることがいい結果として出てきた。そう思うてます」

ちなみに、甲子園では高野連が指定したグラウンドでの2時間の練習が基本になるが、大阪代表や兵庫代表は自校のグラウンドでの練習のため時間制限はない。大阪、兵庫以外でも近畿圏のチームは自校のグラウンドで練習する場合もあるが、髙嶋監督は基本的にそれはしない。

「1時間で帰れるんやけど、距離が結構あるのでぐたーっとなる。それでやめたんよ。（甲子園で勝てていない頃は）やっとった。1時間ならどうってことない思うたけど、やっぱりアカン。マイクロバスだと（乗り心地がよくないため）余計堪える。それは、帰ったほうが練習はばっちりできるけどね。高野連指定でやれば、（準備、片づけに30分かかるため）実質1時間半。短いけど、それが休養になるんよな。体が楽になる。学校に帰ったら時間の感覚がなくなる。2時間やでと言ったら、だいたい4時間ぐらい。しんどいうえに疲れも溜まるんよな。練習できんでもええから、まずは体を楽にする」

ヘロヘロの状態だった和歌山大会とは逆に、甲子園では休養十分のため体調が整ってくる。重かった体が軽くなり、だんだんバットが振れてくる。あえて調整をしなくても、普通に生活しているだけで調整になっているのだ。他のチームが連戦で疲れていく中、智弁和歌山の選手はピンピンしている。〝調整しない調整〟。これが甲子園での強さにつながっている。

高嶋 仁のセオリー 30

どのグラウンドでも自校グラウンドと同じような環境を整える

甲子園出場が決まると、智弁和歌山では野球以外の練習をする。

それは、バッティングケージの組み立てと撤収作業だ。普段は使っていない持ち運び用のケージを4つ。ベンチ入りメンバーに入らない1年生が担当する。

なぜ、こんなことをするのか。それは、甲子園期間中の練習にある。大会中の練習は高野連から指定されたグラウンドで2時間と決められている。指定されるグラウンドは日によって異なり、立派な球場のこともあれば、地面がデコボコの公立高校のグラウンドのこともある。ときには、かなり不便なグラウンドに当たることもあるが、不満を言っても仕方がない。そこで考えたのが、自分たちで自校のグラウンドと同じような環境を整えようということだった。

「学校に行ったらだいたいケージはあるんです。ところが、4か所はなかなかない。球場に行ったら、フリーバッティングのケージはないんですよ。だから、自分のところから持って行って組み立てる」

2時間しかないため、もたもたしている時間はない。そのため、ケージの組み立てと撤収はストップウオッチで時間を計り、それぞれ15分以内でできるように練習をする。

準備するのはケージだけではない。マシンも同じように持っていく。智弁和歌山のグラウンドと同じように速球、右変化球、左変化球を打てるようにするためだ。

「自分とこのを持っていって、いつも通りのマシンで打つ。借りたマシンやと、やっぱりおかしいんですよね。曲がりが弱いとか、いろんなことがあるんで」

だが、マシンを持っていくだけでは事足りない。いつも通りマシンを利用するために、用意しなければならないものがある。

「電圧を上げる昇圧器という機械があるんです。山の上のグラウンドだと（電源から長い距離を引っ張ることになり）電圧が弱くなる。80ボルトだとスピードが出ないんです。それを100ボルトまで上げてマシンが正常に働くようにする」

せっかくマシンを持って行っても、いつもと違うスピードでは意味がない。用意できるものはすべて用意して、いかに自校のグラウンドと同じような環境を作るか。常連校でいろいろな経験をしているからこそわかる工夫だ。

「甲子園に出たいし、出たらやっぱり勝ちたい。何としてでも勝ちたいから、勝てるだけのものはちゃんとそろえてます。それなりに、どうしたら勝てるか考えとるんです（笑）」

報道されないところでどれだけ準備や工夫をしているか。見えないところでの勝利への執念。それが髙嶋監督の強さなのだ。

髙嶋 仁のセオリー 31

日陰をつくる

甲子園出場時の練習を観て、驚いたことがある。

持ち込んで組み立てたバッティングケージにシートをかぶせていたからだ。シートで日陰をつくり、その中で打たせる。炎天下で長時間直射日光に当たることを避けるためだ。

「過保護やって言う人もおるんやけど、陰でやると全然違うから。別にいらんことで疲れる必要ないと思ってる。甲子園で勝ち出してからはやってます」

他にこんな工夫をしているチームは観たことがない。そこまで配慮するから疲労が溜まりにくい。これが夏の強さにつながっている。

高嶋 仁のセオリー 32

甲子園では打撃練習をさせない

今はなくなったが、かつての甲子園では、決勝戦の前に限り、両チームに40分間の打撃練習の時間が与えられていた。あこがれの甲子園で思う存分に打てる。選手にとっては、至福の時といってもいい。だが、髙嶋監督はその時間、選手たちに打たせることはなかった。

では、何をやったのか。それは、バントだった。バッティングケージが用意されているにもかかわらず、40分間、ひたすらコツン、コツンと転がす。強打の智弁和歌山の打撃練習を楽しみにしていたマスコミやファンが拍子抜けしても、この姿勢を貫いた。

1997年夏の平安戦では、これを見た甲子園優勝4度の箕島・尾藤公元監督が「私の経験では、ここまで徹底したチームはない。バント練習はボールを見極めるという点でフリーバッティング以上に効果がある」と驚きながら称賛。2000年夏の東海大浦安戦では、相手の森下倫明監督が「余裕なんでしょうかねぇ……」と驚き、首をひねった。

なぜ、打たないのか。髙嶋監督は当時、こう説明している。

「甲子園でバッティング練習させると欲が出て、みんなスタンド狙って振りが大きくなる。それを我慢させるために、バント練習をさせました。ホームランは試合にとっておく。それに、バントはボールの見極めをさせるには一番ええんです」

言葉通り、東海大浦安戦ではキャプテンの堤野健太郎が2本、後藤仁が1本の合計3発をスタンドへ放り込んだ。

「相手チームはカーンと放り込んどるんです。あそこへ行ったら入るんですよ。アドレナリンが出とるから。それで錯覚するんですね。ウチも最初にセンバツに出たとき（85年）に甲子園練習でバッティング練習をした。そしたら、そんなチームじゃないのにばっかんばっかん放り込むんです。それで、こんなところでバッティングさせとったらアカンと。それからは全然やらないです」

決勝戦前に限らない。甲子園練習でも打たないのが髙嶋流なのだ。気持ちよく打って、勘違いしたまま試合に入ってしまったら勝敗に影響する。それを防止するための策だ。もちろん、この話はこれで終わらない。どんな試合でも、試合前は必ず打撃練習をするのが髙嶋監督のルーティン。決勝戦前だけ、やらないはずがない。

「よそでちゃんとやってきとんのや。甲子園に行って困ったときにグラウンドを貸してくれるところをちゃんと持っとるんですよ。電話したらパッと開けてくれる。そういうのを持ってなかったらアカンですね」

例えば、94年センバツでは伊丹北のグラウンドを借りて打ち込んでから甲子園入り。バントばかりする前にちゃんと打ってきているのだ。

「余裕とちゃうんです。する必要ないんよ（笑）」

選手の心理を読みつつ、どうすればリスクを避けられるか考える。それでいて、やるべきことは怠らない。見えない部分にこそ、理由がある。ここまでやっているから勝てるのだ。

高嶋 仁のセオリー 33

投球練習は7球だけしかしない

5人の投手を起用して優勝した1997年夏の甲子園。抑えの切り札として活躍したのが背番号6の清水昭秀だった。普段はショートを守り、四番打者。その清水に対し、高嶋監督は試合中のブルペンでの投球練習をさせなかった。

「ピッチング練習はするなと。（投手交代時に許されている投球練習の）7球以外は投げたらアカン。7球だけで投げれるようにという訓練を練習試合からずっとやっとった」

いくら暑い夏とはいえ、投球練習なしでマウンドに上がるのは不安がありそうなものだが、清水は難なくこなした。準々決勝の佐野日大戦で初めて登板すると、2回を無安打2三振で無失点。準決勝の浦添商戦では0対0の8回から登板して3回を無失点。決勝の平安戦でも7回からの3イニングを0点に抑えて優勝投手に輝いた。

「ショートやからノックとかでバンバン投げとんのよ。だから、肩はできとる。1球めから140キロが出た」

当時は140キロを超えれば速いといわれた時代。清水の速球は大きな武器になった。

「右バッターにはほとんどインコースしか投げない。インコース、インコース、インコースで三振がほしいと思ったらスライダー。インコースはみんな詰まるし、インコースばかり来とるから、スライダーを放ったら当たらへん。甲子園でリリーフに出て1点も取られてないんやから、それは優勝するわな」

信頼できる投手だけに、ピンチになれば登板させたい。とはいえ、ショートを守っているために投球練習はできない。いつでもいけるようにしようとした結果が、7球で投球することだった。常にこのやり方でやっていれば、準備不足で不安になることもない。本番を想定した普段の準備と確認が日本一に結びついた。

第3章

選手を育てる

高嶋 仁のセオリー 34

低い目標は上方修正させる

珍しい涙だった。

２００９年夏のこと。和歌山大会決勝で南部を３対０で破った後に行われた学校での優勝報告会で、あいさつをする髙嶋監督の目から涙があふれた。

「岡田のピッチングを観ますと、１年、２年の成長の跡が……ホントにうれしかったです」

岡田とは、エースの左腕・岡田俊哉（現中日）。１年夏からエース格として起用してきた期待の選手だ。体ができればプロに行ける能力はあったが、精神面に問題があった。打たれ始めるとムキになり、周りが見えなくなる。周りの声に耳を貸さず、変化球を投げれば抑えられるのに、ストレートで勝負にいって打たれるのがパターンだった。２年生だった08年夏の甲子園では、ストレートに強い常葉菊川打線に直球勝負を挑み、３ラン本塁打を浴びるなど６回途中６失点でＫＯ。以前から指摘していた失敗をくり返しただけでなく、打たれてふてくされた態度が目に余り、髙嶋監督は降板直後の岡田に甲子園のベンチで〝公開説教〟をしている。

そんな岡田が最上級生になった08年の9月。髙嶋監督は部員への暴力行為で3か月の謹慎処分になった。12月になり、復帰した髙嶋監督は驚いた。すでに岡田の進路が決まっていたからだ。しかも、進学先は地方リーグに所属する決して強豪とはいえない大学。自分が不在の間に決まったこととはいえ、見過ごすことはできなかった。岡田を呼び、こう伝えた。

「その大学に行くんやったら、オレは卒業するまでお前は使わん。お前がプロに行く言うんなら別やで。もう一回考えてみい。相談してこい」

その大学に行けば、岡田の実力なら練習しないでも1年生からエースになれる。もともと必死に努力するタイプではないことに加え、何もしないでも試合に出られる環境では、成長は望めない。上を狙える素材だからこそ、あえて「卒業まで使わない」と言ったのだ。親と相談した岡田は、「プロに行きたいです」と考えを改めた。その言葉を聞いた髙嶋監督は、さっそく知り合いのスカウトに電話。練習を観に来てもらった。そうすれば、岡田のモチベーションが上がるのがわかっていたからだ。「プロが自分を見てくれている」。その意識だけで岡田の練習への取り組みが変わった。

「プロに行きたいと意思表示をしてからすべて変わった。ランニングもダラダラ走ってたのが、先頭に立って走るようになった。スカウトが観に来るから、ブルペンもしっかり放るようになって球も速くなった。意識がプロにいっただけで、こない変わるんかなっていうほどやった」

１４０キロ程度だったスピードが、１４３、１４４と上がり、最終的には最速で１４７キロをマークするまでになった。その年のチームの県大会の打率は、智弁和歌山が夏の甲子園に出場した中でもワーストの・２４８。髙嶋監督は「今年は打てんから、お前が抑えなアカンで」とハッパをかけたが、岡田は「監督さん、２点取ってください。１点やったらエラーで取られることがあるんで」と返した。言葉通り、岡田は孤軍奮闘。県大会では32回３分の１を投げ、無失点でチームを優勝に導いた。

「あのチームは岡田しかおらんかった。謹慎して、岡田で甲子園に出ようと思ってやってきた想いが、祝勝会のときにパッと出てもうたんよ」

選手の性格を見抜き、どんな言葉をかければやる気を出すのかを見極める。髙嶋監督の計算通りになった岡田の成長だった。

髙嶋 仁のセオリー 35

野球はまぐれの連続。まぐれが出たら勝ち

「野球はまぐれの連続。まぐれが出たら勝ち」

こんなことを言う指導者はなかなかいない。だが、髙嶋監督はよく言う。

髙嶋監督が今も鮮明に覚えているのが智弁学園時代の1977年の夏。小松辰雄（元中日）を擁する星稜と対戦したときのことだ。大会屈指の剛腕といわれた小松に対し、初回、ポテンヒットなどで先制点を挙げた。

迎えた2回。七番の桜井英喜が「まぐれで当たって」（髙嶋監督）三塁打を放つ。一死三塁となり、髙嶋監督は打席に向かう八番の岸田光司をベンチに呼んだ（当時はベンチに呼べた）。

「おい、わかっとるな?」

「はい、スクイズです」

「アホか。こんな速いボール、スクイズできるんか?」

「できません」

「そやろ。目つぶって3回振れ。三振でええから」

その言葉を受けて1球め。岸田は思い切ってスイングしたが、バットとボールの間がとんでもなくあいた空振り。とても打てる気配はなかった。ところが、2球め。思い切って振ったバットにボールが当たる。うまくセンター前に抜けてタイムリーヒットになった。打ったのは変化球。髙嶋監督は、試合後、こう声をかけた。

「ナイスバッティング。変化球をうまいこと打ったな」

「いえ、監督。打ったのはストレートです」

岸田は真顔でこう答えた。

「まっすぐと思って振ったのが、変化球で緩かったから当たった。それなのに、打った本人がわかってない(笑)。こっちはビデオでも見て、変化球ってわかっとんのに『ストレートを打った』と胸張ってる(笑)。『お前にストレートは打てん』と言ったんですけど。『3回振れ』っていうのはこれなんです。当たらんかったら三振やけど、当たったらもうけもんですよ。だから、バットは振らなアカンのです。ホンマにまぐれの連続です」

打てそうもない選手に対し、髙嶋監督がこんな声のかけ方をするのはやめるまで変わらなかった。

２０１８年のセンバツ1回戦・富山商戦。２対２で迎えた８回表二死一、二塁の場面で打席に入った投手の池田陽佑に対し、こう言っている。

「バット振っても当たらんのやから、何でもいい。当てろ」

髙嶋監督のアドバイス通り、池田はカウント２－２からの変化球に当てた。するとこれがセンター前に飛んでタイムリーヒット。センターが打球を後逸する幸運もあって２点が入り、４対２で勝利した。

「当てたら何とかなるやろうと。振ったら当たりません。ミートしたからええとこに飛んだ。金属バットは当たったら飛んでいくからそう言ったんやけど、ホンマに飛んでいきよった（笑）」

まぐれを起こすには、バットを振ること。バットにボールを当てること。前にさえ飛べば、何かが起こる可能性がある。まぐれに関して、髙嶋監督にはこんな哲学がある。

「まぐれの連続が続くヤツはホンマもんになると思うとるんです。1試合の中で３回続いたらホンマもんですよ。バッターって、ワンヒットで変わるんですよね。今まで不振だったヤツが、まぐれでヒットを打ったばっかりによくなるってようあるんですよ」

ポテンヒットでもいい。ボテボテの内野安打でもいい。「H」のランプがつけば、変わるきっかけになる。

「まん丸いボールを、まん丸いバットで打つんですよ。ラケットで打っとるわけじゃないんですよ。

接点ってほとんどないじゃないですか。こんなもん、まぐれですよ。そのまぐれを増やしたろうと思って、毎日バッティング練習をしとる。僕はそう思うとるんですよ」

まぐれも続いて起これればまぐれではなくなる。偶然を必然にするために、高嶋監督は来る日も来る日もバットを振らせていた。

高嶋　仁のセオリー　**36**

結果ではなく、やるべきことをやっているかで評価する

5打席連続三振――。

打者として屈辱的ともいえる結果に終わったのが、2010年の四番・山本定寛だった。センバツの2回戦・興南戦で島袋洋奨（現福岡ソフトバンク）にまったく手が出ず5三振。変化球にまるで当たる気配のない空振りをくり返していた。何度もそんな打席を見せられれば、「四番が何やっとるんや。ちょっとは工夫せい！」と言いたくなるところだが、高嶋監督は違った。試合後、山本に言ったのは、こんな言葉だった。

「よう最後まであれだけバット振ったなぁ」

どれだけ空振りをしても、思い切りスイングした姿勢を評価したのだ。それは、なぜか。理由は明快。「智弁和歌山の四番だから」だ。強打が看板のチームの四番。180センチ、89キロの堂々たる

体格。髙嶋監督が山本に求めていたのは、豪快なスイングであり、豪快なホームランだった。髙嶋監督は山本に、常々こんな言葉をかけている。

「お前にセンター前なんかいらん。当たればホームランよ」

三振を怖がり、当てにいく打撃では山本の魅力は半減する。主軸がそんな打撃をすれば、チームの印象も変わってしまう。だから、怒らなかった。もちろん、和歌山に帰ってからは、センターから右方向へのバッティングを徹底する練習が待っていたが……。

当てにいって、それがヒットになっても髙嶋監督は評価しない。そんなことは期待していないからだ。〝智弁の四番〟らしい豪快なスイングをすることが山本の役割であり、出ている意味。それができれば評価する。だから選手は迷わないし、中途半端にならない。思い切りプレーができる。結果論で怒ってばかりいる指導者がたくさんいるが、髙嶋監督はそうではない。

役割を明確にして、そこからぶれていなければＯＫという考え方。監督がこれを徹底しているから、選手は思い切ってできる。結果ではなく、やるべきことをやっているか。それが髙嶋監督の評価基準なのだ。

高嶋　仁のセオリー37

期待している選手にはあえて悔しさを味わわせる

「賭けだった」

高嶋監督がそうふりかえるのは、1999年の夏。甲子園のベンチから2年生の山野純平を外したことだった。高嶋監督にとって、山野は期待の選手。その証拠に、前年は1年生にもかかわらず夏の和歌山大会決勝で登板させている。それなのに、2年生の甲子園で外したのだ。

「山野はスピードはないけど、コントロールがええ子。『甲子園でもひょっとしたらやってくれるかも』と思ったんやけど、3年のときに勝たなアカンというのがあった。優勝せなアカンメンバーやったからね。こいつが目を剥いてきたら絶対いけると思った。そのためには、『くそー』と思わせなアカンと。この悔しさは絶対次に活きるという想いで、勇気をふりしぼって外した」

外すには、もちろんリスクもある。それも覚悟の上だった。

「『ひょっとしたらやめるかも』という気持ちもありました。まぁ、ええわ。やめたら、やめたときやと。実際、家でちょっともめたようなことは聞いてます」

結果は、吉と出た。山野はマイペースな性格が一変。練習後も室内練習場でバットを振り、シャドーピッチングをするようになった。翌年は投打に大活躍。打っては準々決勝の柳川戦で8回裏に同点3ランを打つなど3本塁打で13打点。投げても全6試合に登板し、防御率1・91の好投を見せた。

「3年のときは彼が軸になってくれた。（試合の）締めくくりはずーっと彼でいった」

2006年に四番を打った橋本良平（元阪神）にも髙嶋監督は、しばしば刺激を与えた。中学時代は日本代表。鳴り物入りで智弁和歌山に入り、1年夏から四番・捕手を任された。だが、すぐに結果が出たことで慢心し、伸び悩んでしまう。そこで髙嶋監督は、「お前に守るところはない」と一時期ファーストへコンバートした。近畿大会では、親や親せき、少年野球の後輩らが応援に来ているのを知りながら、あえてスタメンを外したこともある。

「プライドが高い子でね。全然感じてくれんかった。まぁ、3年生の最後、帝京戦の土壇場で打ってくれたから（8対12で迎えた9回裏に1点差に迫る3ラン）、ちょっとは効いたんかな」

髙嶋監督が常に言うのは、悔しさを知った人間は強いということ。

「『クソ』っていう精神的強さがやっぱりいるんですよね。そういう面ではほめることよりも怒ることのほうが多い」

そこには、「まだまだ物足りない。お前はもっと伸びる素材なんや」というメッセージを伝えたいという想いがある。いい選手、期待している選手だからこそ、あえて悔しい経験をさせるのだ。

ケガでもできるならやらせる

最近の選手はケガに弱い。できる範囲のケガでも、医者に「全治○か月」と言われれば、その通りに休む。監督が無理にやらそうとすれば、親が「お医者さんが全治○か月と言ってるんで、やめてください」とストップをかける。

だが、髙嶋監督にそんな常識は通用しない。2008年夏の甲子園。2回戦の木更津総合戦では、1年生の西川遥輝を九番・サードで起用した。入学直後の1年春の和歌山大会で4本塁打を放つ華々しいデビューを飾った西川だが、夏は大会に入ってからの練習で右手首の有鈎骨《ゆうこうこつ》を骨折。夏の出場は無理だろうと思われていた中での、強行出場だった。それでも、西川は結果を残す。木更津総合戦では1安打のみだったが、3回戦の駒大岩見沢戦では二塁打を含む2安打、準々決勝の常葉菊川戦では、セーフティーバントでの安打に加え、三塁打を2本放った。

実は、手術して入院しているとき、見舞いに訪れた髙嶋監督と西川の間でこんなやりとりがあった。

「お前、指何本折れたんや？」

「1本です」

「あ、使えるな。和歌山大会は無理やけど、甲子園に照準合わせとけ」

髙嶋監督は笑ってふりかえる。

「手術してギプスしとんのに、『この監督はおかしいな』と思ったんちゃう？　もちろん練習してないのに、甲子園でちゃんと打ちよるんやから。センスが全然違う。あれは天才ですね」

西川は2年生の夏も和歌山大会直前の練習試合で骨折していた。走塁で捕手と激突。レガースと当たって左手の舟状骨を折った。和歌山大会は5試合中3試合しか出場できず、甲子園時には50パーセントの状態だったが、いつも通り三番で起用された。西川は初戦の滋賀学園戦で2本の二塁打、2回戦の札幌第一戦では同点の9回に右手一本で勝ち越しの二塁打を放っている。

どちらも普通なら休むレベルのケガだが、西川はこう言っていた。

「やるまでがすごく怖いんですよ。ビビったけど、監督に『出ろ』と言われたら出るしかないので。何やかんや片手でもそれなりに打てた。やったらできるもんなんやなと」

もちろん、いつでも無理をさせるわけではない。17年の秋はセンバツ出場がかかる和歌山大会、近畿大会ともに、その年の夏の甲子園で本塁打を放っている主砲の林晃汰（現広島）を使わなかった。

「林は右ひじの疲労骨折で投げられへん。でも、バッティングはやろうと思うたらできる。ベンチに入れとったら、やっぱり負けとってチャンスがきたら使うと思う。そんな無理させたらアカン。本人にも言うて、思い切って外した。遥輝は指1本やからできる、大丈夫。でも、ひじはやっぱりアカンよ」

痛みに弱い選手ではプロで通用しない。いかに、痛みに強い選手を育てるか。どこまでの範囲のケガならできて、できないのか。その選手の将来に影響しないよう、見極めてやらせるのも監督の仕事なのだ。

高嶋 仁のセオリー 39

いかに選手の力みをとるかを考える

夢の舞台である甲子園。あこがれの球場でプレーするというだけで、選手たちは勝手に力が入る。

「打球の飛距離が違うもんね。アドレナリンが出とるから、ポーンと上げただけで飛んでいく」

普段打たない九番打者が甲子園で初本塁打を打つようなことがあるが、まさにこれだ。それがわかっているから、高嶋監督は注意を促す。もともと力むクセのある選手には特に、だ。2018年のセンバツでは、捕手の東妻純平にこんなことを言った。

「(イニング間に) セカンドに放るとき、絶対全力で投げたらアカン。二分で放れ」

東妻は強肩。力があるだけに、どう力を抜かせるのかを考えての言葉だ。

「全力で放ったらセンターへいくから。二分言うたって、十分で放っとんのよ。知らん間に力が入る。それが甲子園なんよ。結構ええボールいっとったんで、『お前、二分で放っとるやろな?』と聞いたら、

『はい、二分のほうがいいボールいきます』と言うとった。実際はだいぶ力が入っとるんやけどね」

力を抜く意識があるだけで、多少は変わるもの。セオリー58で紹介している打者への「待て」のサインもそうだが、力みをどう取り除いてやるか。それが、実際にプレーしない監督だからこそできる仕事なのだ。

髙嶋 仁のセオリー 40

打撃練習でホームランのノルマ数を設定する

2000年夏の甲子園で1大会通算11本塁打を放った智弁和歌山。これは、いまだに破られていない大会記録だ。クリーンアップを打つ選手には、〝強打の智弁〟の看板にたがわぬ打撃が求められる。そこで、打撃練習中、髙嶋監督はしばしばこんな指令を出す。

「あと10本放り込んだら終わりな」

打撃練習で100本打った後でも、こう言われると10本打つまで終わらない。打てなければ、延々と打ち続けることになる。当然のことながら、打撃練習で打つ数が倍になる打ち込みの時期になるととんでもない数になる。

「新チームになってすぐの夏休みとかは、例えばクリーンアップは150キロを100本放り込んだら終わりとか。まぁ、放り込まないですけどね。よくて50本。へたってきますからね。でも、そうやって『智弁のクリーンアップはこれが当たり前やで』と植えつける」

ちなみに、試合では「ホームランを狙っていい」というサインがある。手の甲を上に向け、外野スタンドに向かって手を伸ばすジェスチャーだ。高嶋監督は片手でやるが、同じポーズを両手でやるのが大阪桐蔭の西谷浩一監督。

「あれはあいつがマネしよったんや。オレはずーっと前からやってる。腹立ってなぁ（笑）」

普段から智弁和歌山のクリーンアップというプライドを持たせる。そのうえでノルマを設定し、達成できずに悔しい思いをさせる。その気持ちが「次こそはクリアしよう」と練習することにつながる。そうやって中心選手のやる気に火をつけ、レベルを上げていく。それが高嶋監督のやり方なのだ。

高嶋 仁のセオリー 41

無死一塁で「打て」のサインが出たときの練習をする

多くの人には、思い込みや固定観念がある。

例えば、無死一塁で「打て」のサインが出たとき。自分が打者なら、どこに打つのか。

「10人に訊いたら、10人とも『右方向へ打ってランナーを進めようというのが頭にある』と言うんですね。僕は違います。『ノーアウト一塁で打てのサインを出すということは、点を取ってほしいんや。右側に打ってランナーを進めるなら、オレはバントで進める』と」

打てだからといって、もちろん、やみくもに打てばいいわけではない。無死一塁から点を取ろうと思えば、長打が必要。どこに打てば長打になるかを考えて打たなければいけない。

「点を取ろうと思ったら7か所ある。そこを狙って打ちなさいと。三遊間とかセンター前に打って点が入るのかということです」

7か所とは、レフト線、ライト線、レフトオーバー、センターオーバー、ライトオーバー、左中間、右中間だ。これに本塁打を入れると8つになる。そこに打てる球を狙い、そこに打てるようなスイングをする。それが、髙嶋監督の求めていることなのだ。

子供の頃から野球をやっていると、どうしても小学生の頃に言われたことが頭に残っていたり、世間でいわれるセオリーなどにとらわれてしまうことがある。だが、監督によって考え方は違うもの。現在の監督の考え方を理解し、意図を汲み取ることができなければ、結果には結びつかない。逆にいえば、意図さえわかれば、劇的に結果が変わる可能性もある。

あるとき、髙嶋監督が甲子園塾の講師として兵庫県の公立進学校・芦屋の選手をモデルに指導したときのこと。打撃練習をしても打球が飛ばなかった。技術的なことを言っても変わらないと判断した髙嶋監督は、選手たちにこの〝7か所〟の話をした。すると、直後に打てるようになったのだという。

「(塾生だった)若い監督たちは誰も言えなかったのに、キャプテンは7か所をパッと答えた。その後にバッティングをさせたら打つんです。理解力が早いですからね。あの子らは、たったひとことで打てるようになった」

固定観念をつぶし、監督の意図を理解させるだけで大きく変わることもある。監督の考えと選手の考えをいかに一致させるか。イズムを浸透させることも指導者の欠かせない仕事なのだ。

高嶋 仁のセオリー 42

素振りは毎日最低740スイング

日本一の投手を打つのをテーマにしている以上、スイングの量は必要になる。高嶋監督はそれを素振り740回に設定していた。740回の内訳は、ストライクゾーンを9分割した各コースを10本ずつ、90本が1セット。これを右、左、変則の3タイプの投手を想定しながら、ストレート、変化球の両方をイメージしてやるので540回。さらに、自分の得意なコース、不得意なコースをイメージしながら100回ずつ振るので200回。合計740回となる。

ただ、これにはティー打撃の本数も含めていいという特別ルールがあり、打撃練習の順番を待つ間や練習終了後の自主練習で打った本数もカウントされる。

「いっぺんにそれだけ振れと言っても無理ですよ。逆にいえば、いっぺんに700とか1000とかそんなん意味ないですから。分けてやるからできるんです。バッティングの合間にスイングしたら

100から200はいける。ティーも1箱は絶対打ちますからそれで100。帰る前にティーをやれば、それで500は振っとるんです。家に帰ったら200ぐらいでいい。間をおいて、1日の中でやればできるんです」

ノルマとはいえ、本当にやっているかどうかをチェックすることはない。だが、あえてやる必要もないという。

「見たらわかります。長年やっとったらね。フリーバッティングを見とって、ちょっと振りが鈍いとかね。金属バットだと普段バットを振ってなくても力で飛ぶ。でも、ウチは竹バットやから。竹だとようわかるんですよ。林（晃汰）みたいに金属とあまり変わらん化けもんもおるんですけど、だいたいわかります。そのときは、『お前、オレをだます気か』と大きな声で言います。聞こえるようにね」

ときには、何も言わず握手をすることもある。

「やっとるかやってないかは握手したらわかりますよ。強制はしてないけど、強制（笑）」

この740スイングにフリー打撃でのスイングを加えれば、毎日1000スイングしていることになる。「数多く振ることでフォームの無駄もなくなる。数多く打たせればバッティングはよくなる」のが髙嶋監督の持論。徹底して量をこなすことで鍛えるのが髙嶋監督のやり方。強打は一日にしてならず。効率化が叫ばれるが、それには限界がある。やはり、〝やった者が勝つ〟のだ。

スイングの量が強さの源。ティー打撃の本数も含め、素振りは1日740回に設定

高嶋仁のセオリー 43

選手が奮い立つような言葉をかける

追い込まれるほど、不思議と言葉が出てくる。それが、高嶋監督だった。

1996年のセンバツ準決勝。高陽東に0対2とリードされた8回裏に言ったのはこんなことだった。

「今日はお前ら（野手）の番ちゃうんか？　高塚を負け投手にするな」

2年生エース・高塚信幸（元大阪近鉄）は初戦から全試合完投。前日の準々決勝では国士舘を相手に延長13回、185球を投げて完封していた。この試合も8回2失点と好投していた高塚。高塚一人におんぶに抱っこでいいのかとハッパをかけたのだ。この言葉に奮起した打線は、8回裏二死走者なしから怒涛の6連打で4点を奪って逆転した。

8回裏の攻撃前まで2対6とリードされた2000年夏の準々決勝・柳川戦ではこう言った。

「こんな負け試合でナイターにもなって、お客さんが帰らんのはわかるか？　智弁の打線を見たいから残っとんのや。勝負はもうええ。放り込んでええとこ見せてやれ」

その直後に、武内晋一のソロ、山野純平の3ランが出て追いついた。00年夏の決勝・東海大浦安戦では7回を終わって5対6とリードされ、こんなことも言っている。

「お前ら、同じチームに2回も負けるんか？」

その年のセンバツでも決勝に進みながら、東海大相模に敗れて準優勝に終わっている。東海大系列でユニホームがほぼ同じだったことからそう言ったのだ。その直後、8回表に5点を奪って逆転している。

3時間を超える熱戦となった03年のセンバツ3回戦・浦和学院戦では、延長12回裏にこんな言葉をかけた。

「こういういい試合は絶対負けたらアカン。お前ら、こんなのに負けるんか。お前ら、なんぼ寒い中でどんだけ練習してきたんや？　思い出せ」

対戦校の浦和学院は大会前に気温30度を超える南の島・サイパンで合宿をしたという情報が入っていた。一方の智弁和歌山は合宿など行わず、寒風吹きすさぶ高台のグラウンドで練習してきている。どちらのほうが大変な思いをしてきたのか。ここ一番では、つらい思いをしたほうが強さが出る。髙嶋監督がそう言った直後、四番の本田将章が打った瞬間にそれとわかるサヨナラ本塁打で決着をつけた。

06年の夏の準々決勝・帝京戦。9回表に8失点し、8対12と4点のビハインドを背負ったときはこう言った。

「お前ら、田中を打つために甲子園に来たんとちゃうんか?」

勝てば準決勝で駒大苫小牧との対戦が決まっていた。その年は、1年間かけて田中将大対策をやってきている。「田中」というキーワードで闘志をかきたてたのだ。選手たちは9回裏、5点を取り返して逆転サヨナラ勝ち。田中との対戦を実現させた。

髙嶋監督の言葉で選手たちは生き返る。力がみなぎる。なぜ、そんなことができるのか。

「そんなんわからん。無意識のうちに言うとるから。ただ、監督の言葉の使い方は大事。人が人を動かすには、言葉というのは道具ですからね」

そのときにパッと思い浮かぶ言葉。「こう言えば、選手は燃えるだろう」と準備して言っているわけではない分、かえって選手の心に響くのだろう。タイミングよくいい言葉が言えるのも、普段から選手と本気で向き合っているからこそ。心の底から湧き上がってくる言葉が、選手たちに大きな力を与えていた。

2006年夏の準々決勝・帝京戦。8対12とリードされた9回裏の攻撃を前に、円陣を組む
智弁和歌山ナイン。監督の言葉を聞いた選手たちは、直後に大逆転劇を演じた

髙嶋 仁のセオリー 44

エラーは打って取り返す

チーム大会通算100安打、打率・413（当時）、11本塁打と打撃の記録を軒並み塗り替えた2000年の夏。智弁和歌山はもうひとつ大会記録を作っていた。それは、優勝校の最多失策。6試合で13失策。1回戦から無失策の試合は1試合もなく、1回戦と3回戦は3失策。準々決勝以降は3試合連続2失策だった。失点34に対し、投手の自責点は20。明らかに足を引っ張っていた。なぜ、それだけミスが出ても勝てたのか。それは、打ったからだ。ミスをした選手が打って取り返したからだ。

「失敗したヤツに関してはちょっと呼ぶんですよ」

仁王立ちは崩さないが、ミスした選手を呼んで声をかける。そこでのやりとりはこんな感じだ。

「お前のエラーで何点取られたんや？」

「2点です」

表1　智弁和歌山の失策数別の勝敗

夏

失策数	○	●
0	14	9
1	11	7
2	7	3
3	3	1
4	1	0
7	0	1
計	36	21

春

失策数	○	●
0	7	3
1	12	4
2	3	2
3	3	0
4	0	2
計	25	11

春夏通算

失策数	○	●
0	21	12
1	23	11
2	10	5
3	6	1
4	1	2
7	0	1
計	61	32

「2点？　2ランいったら、帳消しやな」

たったひとこと、ふたこと。それだけで選手は変わる。

「そう言ったら、ニコッとしよるんですよね。そしたら、もう『次はいったろう』って打席に入るやないですか。もうエラーしたことはしゃあないですからね。怒るよりも、次のことを考えて声をかけるようにはしとんですけどね」

ちなみに、智弁和歌山の失策数別の勝敗は**表1**の通り。失策2個以上の試合を見ると、2個は10勝5敗（春3勝2敗、夏は7勝3敗）、3個は6勝1敗（春3勝0敗、夏3勝1敗）と大きく勝ち越している。打力の上がる夏は失策2個以上の試合で11勝5敗。失策1個以下の25勝16敗よりも勝率で上回っている。ミスで負けるチームが多い中、ミスが多いほうが勝つことが多いという稀有なチーム。それが智弁和歌山なのだ。

「智弁らしいな（笑）。エラーしてその場はあまり怒らへんからやろうね。その代わり、次の日はバンバンノックするけど（笑）」

ミスしたことを引きずらないよう、気持ちを前向きにさせてやる。

試合中は過去のことではなく、未来のことに目を向ける。それが監督の仕事なのだ。反省するのは試合後でいい。そのほうが、確実に好結果につながる。

第4章

戦術戦略

高嶋 仁のセオリー 45

勝っても先攻、負けても先攻

「後攻を取れと言ったことは一回もない」

高嶋監督がそう言うように、智弁和歌山といえば先攻のイメージがある。実際、智弁和歌山の甲子園の試合を見てみると、先攻の試合が63試合あるのに対し、後攻の試合は30試合と半分以下しかない。成績も先攻が42勝21敗の勝率・667、後攻が19勝11敗の勝率・633と先攻が上回っている。優勝3回、準優勝3回を記録した1994年春から2002年夏の黄金時代には、センバツで先攻11連勝を記録（2敗）。夏も13勝2敗と横綱級の強さを誇った（後攻は春2勝1敗、夏8勝2敗）。

なぜ、高嶋監督が先攻を好むようになったのか。それは、まだ智弁学園を率いていたときにこんなことがあったからだ。センバツ出場がかかる秋の近畿大会・県和歌山商戦。先攻の智弁学園が2対0とリードして迎えた9回表に3得点。結局、5対0で勝利した。その試合後、和歌山県高野連の理事

表2　智弁和歌山の春夏先攻後攻別得点と失点

夏

イニング	1	2	3	4	5	6	7	8	9	10	11	12
得点	19	29	46	33	42	26	43	47	30	4	1	1
先攻得点	10	13	24	21	32	16	25	36	24	1	0	0
後攻得点	9	16	22	12	10	10	18	11	6	3	1	1
失点	22	24	30	12	31	23	38	21	21	1	1	0
先攻失点	13	13	22	5	24	19	21	11	6	0	0	0
後攻失点	9	11	8	7	7	4	17	10	15	1	1	0

春

イニング	1	2	3	4	5	6	7	8	9	10	11	12	13	14	15
得点	17	14	32	18	24	13	11	37	18	6	1	2	3	0	0
先攻得点	13	12	26	12	13	13	7	30	15	4	1	1	3	0	0
後攻得点	4	2	6	6	11	0	4	7	3	2	0	1			
失点	18	7	17	10	25	14	19	35	9	1	0	1	0	0	1
先攻失点	10	5	14	8	12	13	16	29	5	0	0	1	0	0	1
後攻失点	8	2	3	2	13	1	3	6	4	1	0	0			

長が来て、こんなことを言われた。

「お前、えらいことしてくれたなぁ。9回の3点いらんやないか。これで県和商が出れんようになったやないか」

センバツの選考には、試合内容が加味される。0対2なら惜敗だが、0対5なら完敗。一方的な試合とみなされ、県和歌山商は甲子園出場を逃した。もし智弁学園が後攻なら、9回裏の攻撃はなしで終わっている。先攻だったがゆえの3点が運命を大きく左右した。

「あのときは怒られてねぇ。スクイズで点取ったわけちゃうし、打って取っただけやのに、そんなこと言われても……って感じやったけど。そのときに、つくづく思うたよ。9回に点入ることがあるんや。9回表の2点、3点は大きい。先攻でないとアカンなぁって」

同点の場合も先攻と後攻は大きく異なる。先攻なら、たとえ負けても相手に1点入った時点で試合終了だが、後攻だと、相手の攻撃はスリーアウトを取るまで続く。0対0の試合でも、9回表に10点入ることもあるのだ。

当然のことながら、先攻にこだわる理由はそれが一番ではない。大前提として、先に攻められるというメリットがあるからだ。

「先攻は先に点が取れる。だから9回までは先攻のほうが有利というのがオレの考え方。後攻は1回表に点を取られることがある。やっぱり、先に点を取られると嫌ですよ。そこを抑えれば楽なんやけどね。延長に入ったら後攻のほうがええなと思うけど」

2000年夏の甲子園で史上初の大会通算100安打、大会新の11本塁打と打撃の記録を作った後は、こんなことも言っていた。

「先攻は勝つにしても、負けるにしても9回打てる。後攻は勝つときは8回しか打てないんですよね。これはやっぱり大きい。ウチはあの記録を抜こうと思ってやっとんのやから」

ちなみに、これだけ先攻が多いと後攻になったときはどうなるのだろうか。

「キャプテンによって、たまーに後攻を取るときがある。ほとんどの場合はじゃんけんで負けて、相手に先攻を取られとんのやけどね。そういうときって、たいがいややこしい試合になんのよな。離して勝つってことない。リズムというのは染み込んでいくんやな。後攻だとリズムが崩れるんですね」

智弁和歌山の代表的な名勝負の一つ、2000年夏の準々決勝·柳川戦で指揮をとる髙嶋監督。この試合は後攻だった

髙嶋監督が言う通り、智弁和歌山の代表的な名勝負である00年夏の柳川戦（7対6、延長11回）、06年夏の帝京戦（13対12）も後攻。それでも、後攻で19勝11敗（春7勝3敗、夏12勝8敗）と勝ち越しているのはさすがだ。

「キャプテンには、『（じゃんけんで）勝っても先攻、負けても先攻。じゃんけんはどうでもええから先攻取ってこい』と言ってます（笑）」

あくまで先攻にこだわる。それが髙嶋監督のスタイルなのだ。

高嶋 仁のセオリー 46

守りのチームだからこそ先攻を取る

守りのチームというと、一般的には後攻を選択するというイメージが強い。「まず初回を守って、守備でリズムを作って攻撃につなげる」という考え方だ。だが、髙嶋監督の考え方は異なる。

「みんな『えっ⁉』って言うんやけど、守りのチームだから先攻を取る。何でかというと、先に点を取って守る。例えば、1回に3点取った。それをじーっと9回まで守るのが守りのチームやとオレは思ってる。0点でずーっといくんとちゃう。先に点を取って、それを相手に渡さんようにずっと守るのが守りのチーム。だから先攻を取っとるわけ。選手に言うのは『先に点取れ。相手にやるな』。相手に点をやるなというのは他の人といっしょなんやけど、先に点を取らないと意味ないんよ」

髙嶋監督の説明通りの野球をやっていたのが智弁学園時代。76年春、77年春夏の3度甲子園に出場したが、当時のエースはのちにプロ入りする山口哲治だった。山口が投げれば、そうは点は取られない。1点が1点以上の重みを持つ。だからこそ、先攻を取った。

「山口やったら、取られても1点なんよ。だから2点、3点取ったら勝てるわけ。練習はスクイズの練習ばっかり。チャンスがあったらスクイズで点を取った」

甲子園で10試合戦ったうち、実に9試合が先攻。小技で奪った点を山口の投球で逃げ切るパターンで、すべての大会で2勝以上を記録。ベスト8に一度、ベスト4に一度進出した。

山口のいた奈良の時代の話は理解できる。だが、強打を看板にした智弁和歌山でなぜ同じスタイルなのか。そんな疑問に髙嶋監督はこう答える。

「オレは常に守りのチームをつくっとる。ところが、ウチには特待生がない。そうすると、いいピッチャーが来ない。ということは、10点取られるわけよ。勝とうと思うたら、11点取らなアカン。スクイズで2、3点取っても勝てんのよ。打たないと勝てんわけやから、バッティングがぐーっと上がってきた。守りのチームやのに、打たなアカンわけ。これは、攻撃のチームじゃないんよ。守りのチームなんよ。そのへんが、ちょっと違うんよな。一般の人の考え方とは」

あくまでも主は守りにある。先に点を取って、その得点を守り切る。点を取られたら、それ以上に取り返して守る。それが、髙嶋監督の考える守りのチームなのだ。智弁和歌山の甲子園での戦いぶりを見ると、先攻で先制した試合はセンバツだと94年春から00年春にかけて8連勝。夏も97年から02年にかけて11連勝している。黄金時代の最強の勝ちパターンだった。

高嶋 仁のセオリー 47

バッティングに自信があればあるほど送りバントをする

バッティングに自信があれば打たせる。バッティングに自信がなければ送る。それが、一般的なイメージだろう。特に近年は、打撃技術がアップしたこともあり、無死一塁でも送りバントを選択することが少なくなった。だが、髙嶋監督はこう言う。

「バッティングに自信があればあるほどバントです。高校野球では、得点圏に持っていくというのが大事」

言葉通り、当時の大会記録を更新するチーム打率・406を記録して優勝した97年は、準決勝の浦添商戦で6犠打、決勝の平安戦で7犠打を記録するなど5試合で20犠打。大会新記録の100安打、11本塁打をマークした00年も、22安打で14得点を挙げた初戦の新発田農戦は0だったが、その後の5試合で21犠打を記録している。

「あるかどうか知らんけど、甲子園戦法とよくいわれるのが、『バントに始まってバントに終わる』ということ。それは、ふたつあるんですね。最初の『バントに始まる』というのは、ランナーが出たらしっかりと送りなさいと。ひとつでもホームベースに近づけろというバントなんですね。もうひとつの『バントに終わる』というのは、守りなんですよ。相手がバントで来たら、確実にアウトをもらいなさいと。そういう教えなんですよね。ところが、そのバントをぐちゃぐちゃして生かすから負けるんですよ。高校野球といったらバントですからね」

バントの大切さを痛いほど知っている髙嶋監督。あるとき、大阪桐蔭の西谷浩一監督にアドバイスをした。

「最初の頃、西谷は『打て、打て』やったんです。『バッティングに自信あるんやろ』と訊いたら、『あります』と言う。『それやったら、送れよ。セカンドに送ったら1点取れるやん。ファーストにランナーいて打たせたらゲッツー多いやろ』と。それからようバント使うようになって勝つようになった。まぁ、最近はエンドラン。特にセカンドからのエンドランにハマっとるけど(笑)」

送って一死二塁にすれば、次の2人の打者のうち、どちらかはヒットを打って還してくれる。それだけ打者を信頼していたからこそ、送りバントを多用したのだ。

高嶋 仁のセオリー 48

バントは1球で決める

同じ送りバントでも2種類ある、と高嶋監督は言う。

「『よっしゃ』って乗っていくバントと『アカン』ってカチンとなる（硬くなる）バントがあるんです」

乗っていくバントとは、やはり1球で決めるバントだ。

「バントはリズムですからね。リズム的に1球めです。（走者が）出た、パチン（と送りバント）、『よっしゃ』って乗ってくるんですね。一番が出て、二番が送ってぴしゃっと決まったら、三番、四番は集中して打席に入れる。それがファウルになると、『何や、おい。頼むで』となるんですよ。失敗したら、余計ガクッとなるしね」

初球で決めても、2ストライクから決めても、できあがるのは同じ一死二塁。大きな差はないように感じるが、違うのだという。

「やっぱり、1球めと2球めは違います。だから、選手には『1球めで決めるチームはAクラスやで。2球め、3球めで決めるのはBクラスやで』と言うとるんです。2ストライクから？　そういうのができるんやったら、やりたいわ（笑）。そんなんやったら、全部失敗する」

実際、智弁和歌山でAクラスのチームがあった。それは、1997年夏のチーム。例えば、決勝の平安戦。大会ナンバーワン投手の左腕・川口知哉（元オリックス）から7犠打を記録したが、全員が見事に一発で決めているのだ。

3回無死一塁　藤谷俊之　初球
4回無死一塁　中谷仁　カウント2－0（ファーストストライク）
4回一死一、三塁　倉谷建次　カウント1－1（初球は見送りストライク。スクイズ成功）
4回一死一、二塁　中山貴文　カウント0－1（1球打つ構えで見送った後の2球め）
7回無死一塁　中山貴文　カウント2－1（初球ボール気味の球を見送ってストライク）
8回無死一塁　中谷仁　初球
9回無死一塁　鵜瀬亮一　初球

9回無死一、二塁で喜多隆志（元千葉ロッテ）の捕手前バントは三塁封殺の失敗に終わったが（1

球見送りストライク、1球バントファウルの後のカウント1―2から）、失敗はそれだけ。連投で球威が落ちていたとはいえ、川口レベルの好投手の球を1球で決めるのは容易ではない。それを簡単にやってのけた選手たち。当時の大会記録を塗り替えるチーム打率・406の強打ばかり注目されたが、それだけではない。バントを1球で決める小技も持ち合わせていたから強かったのだ。

高嶋 仁のセオリー 49

強気だからこそ、バントを使う

7犠打を記録した1997年夏の決勝・平安戦。試合後、髙嶋監督は「手堅い作戦ですね」と言う記者に対し、こう答えている。

「その逆で強気な作戦です」

なぜ、バントが強気なのか。実はこの試合、髙嶋監督と選手の間でこんなやり取りがあった。2回表にエンドランをかけて失敗（一塁走者の中谷仁がスタートしたが、打者の木戸俊雄がサインを見落として中谷は盗塁死）した後のことだ。

「川口はどうや？」

「思ったよりボールが来てません」

その言葉を聞いて、髙嶋監督は選手たちに謝った。

「よっしゃ、わかった。オレの考えが間違うとった。バントでランナーをセカンドまで持っていくから、お前らで勝負せえ」

試合前の分析よりも、試合の中で選手から情報を集めて指示を出すのが髙嶋監督のスタイル。そこからすべてバント戦法に切り替えたのだ。

「エンドランで突破口を開こうという頭があったんやけど、選手に聞いて『そうか、ボール来てないんか』と。それやったら、彼らに任せたほうがええ。任すということは、ランナーをスコアリングポジションに持っていくこと。あとは彼らが何とかしてくれるやろうと。それに切り替えたのが成功したんです。ランナーを必ずスコアリングポジションに持っていくというのは、気持ちの中では積極的なんですよ。結局、エンドランは消極的なんですね。何でかいうたら、ゲッツーを怖がっとるんですよ。最悪のことを考えて、ゴロ打っても、ランナーは二塁に行くやろうって」

安打が出れば一、三塁になることも考えられるエンドランだが、うまくいくことのほうが少ない。ましてや、相手は川口だ。髙嶋監督も最高のことを望んではいない。その気持ちが、打たせても併殺はないという消極的なエンドランになっていた。

「やっぱり、スコアリングポジションに持っていくのは相手に対してプレッシャーを与えることになる。ましてや決勝ですからね」

髙嶋監督が川口を大きく見ていたのと同様に、相手も強打の智弁和歌山打線を警戒している。4連投の疲労で本来のボールが投げられない川口にとって、常に得点圏に走者を背負うことは重荷だった。結果的に、智弁和歌山は9安打で6点。得点を挙げたイニングすべてで送りバントを成功させた。

重圧を与え続けたことが、効率のよい攻めにつながる。同じ送りバントでも、併殺を避けるためのバントもある。一見、地味なバントでも、どういう気持ちで使うのかで変わる。監督の想いが、結果に表れるのだ。

髙嶋 仁のセオリー 50

スクイズするときは投手にひと声かける

1万円拾ったときの喜びよりも、1万円落としたときのショックのほうが大きい。それが、人間の心理だ。あったものがなくなることは精神的にダメージになる。それを考え、髙嶋監督はこんなことをしていた。チャンスでスクイズをしかけるとき、投手を呼んでひと声かけるのだ。

「スクイズで点取るで。でも、見破られて外されたら点入らんで。ええか?」

無死や一死で三塁に走者が進めば、投手は得点が入ることを期待する。走者が二塁にいるときよりも期待値が高いため、期待を裏切られたときの反動は大きくなる。

「スクイズをするときって、チームにとってもピッチャーにとっても1点ほしい場面ですからね。入らんとピッチャーが一番腹を立てる、ガクッとなる。それが投げるほうに影響する。特に甲子園は選手の心理が出るから」

気持ちの変化がプレーに表れるのが高校生。だから、過剰な期待をかけないように釘を刺すのだ。できる準備は忘れずにやっておく。リスク管理をするのが監督の仕事なのだ。

髙嶋 仁のセオリー 51

二番手も三番手も総動員。エースに頼らない投手起用をする

23勝1敗――。

智弁和歌山の和歌山大会決勝での戦績だ。髙嶋監督にも、選手たちにも、「決勝まで行けば負けない」という自信があった。なぜ、ここまで決勝に強いのか。それは、投手の起用法にある。他校の指導者に「決勝で勝つコツは?」と聞かれると、髙嶋監督は必ずこう答える。

「自信を持ってビース(二番手)、シース(三番手)を使え。1回戦から決勝まで全部エースやろ。勇気を持って使え。決勝で負けたらいっしょやろ」

智弁和歌山が甲子園に出場した23回の和歌山大会の投手の起用人数を見ると、2010年が7人、18年が6人。さらに5人の年が4回(1998、07、08、11年)、4人の年が11回(89、93、97、99、00、02、06、09、12、15、17年)もある。2人しか起用していないのは甲子園で勝つ前の92年までだ。

全国で勝つようになってからは、多くの投手を投げさせようとしているのがわかる。

「だいたい使えるピッチャーを5人はおいてます。その他に守っとるヤツでいけるヤツがおる。それを入れると6人、7人になる。点差が開いとったら、できるだけ一番手から三番手を使わんように投げさせる。15対0で勝っとったら七番手でいいんです。勝てばええんやから」

投手起用人数が3人以上の年で、決勝で先発完投した投手の準決勝までの投球回数を見ると、03年の坪内啓介が5回、06年の松隈利道が6回3分の1、00年の山野純平が8回、18年の平田龍輝が9回と10回未満の年が4度もある。

「(投手の数は) どこの学校もおるんよ。練習試合は使うとるんやけど、公式戦になるとよう使わへん。『決勝で負けたらいっしょやろ』と言うと、『わかっとるんですけど』と言って使わん。その考え方やと思う。オレは4人おったら4人とも使う。どっちみち負けたら監督が責任取らなアカン。エース、エースでいっても監督は批判される。それやったら、いるピッチャーを全部使う。『こいつでいける』と思ったらそいつを使う。シースを出してダメなら次を出したらええって考えやから。その代わり、決勝に行ったら負けたくない。決勝に行ったときに元気なピッチャーを置いとかなアカン。1回戦から5試合投げてきとったら、やっぱりへたっとる。逆に、ウチはぴんぴんしとるじゃないですか。言うたら、やる前から勝っとるんよな」

決勝で勝つことを前提に逆算して投手起用をするのか。目の前の試合を必死になって勝ちにいって、その結果、決勝にたどり着くのか。勝っている高嶋監督だからできるともいえるが、それができるかどうかが大きな違いなのだ。

「みんな『1回戦で負けるのと決勝で負けるのは違う』って言うんですよ。僕はいっしょ。甲子園に出られんというのはいっしょなんです。決勝で負けるのは地獄よ。1か月は立ち直れない。もう悔いばっかりや。『あそこでバントしとけばよかった。あそこはスクイズやった』とか、残るのはそんなんばっかり。1回戦で負けて『ダメやった。新チームでやったろう』というほうが楽。そのへんが理解されない。よその監督にこの話をしても平行線のまんまですよ」

和歌山大会なら相手との力の差があることもあるため、エース以外を使いやすい。だが、高嶋監督が他の監督と違うのは、甲子園でもこの戦い方を貫くことだ。優勝した97年夏は5人の投手を起用。準優勝した00年春、18年春は4人、優勝した00年夏、準優勝した02年夏も3人の投手を使っている。勝つためにエース偏重になりがちな中、なぜ、思い切った使い方ができるのか。それは、苦い経験があるからだ。高嶋監督に失敗した経験を尋ねると、まっ先に返ってきたのが96年春のセンバツでの投手起用だった。

この大会で準優勝の原動力となったのが2年生エースの高塚信幸だった。初戦で鵬翔を2安打完封、準々決勝でも国士舘を延長13回完封するなど準決勝まで40イニングを投げわずか5失点（自責点は4）。決勝の7回まで1人で投げ抜いた。休む間もなく、センバツ直後の4月24日から行われたアジ

ＡＡＡ選手権でも中国戦で完投。台湾戦でも登板したことで右肩を痛めてしまう。懸命にリハビリをしたが、結果的に、３年生の夏になっても本来の球威は戻らなかった。

「あれは一番悔いが残っとる。もう頭をカチンと叩かれたような感じやね。結局、つぶしたわけやから。『負けてもええから』と、何で他のヤツに投げさせせんかったんか。力は落ちるけど、他にもピッチャーがおったわけやから。その勇気がなかった。それは悔いとる」

３年生にはのちに社会人を経て広島入りする宮崎充登がいた。ところが、大会前好調だった宮崎は直前になってひじ痛を発症。それもあって、高塚以外の投手を起用することに踏み切れなかった。

「今なら？　他のピッチャーを出すでしょうね」

もう同じ失敗をくり返してはいけない。高塚のようなかわいそうな思いをさせたくない。この経験があるから、髙嶋監督の言う〝ビース〟、〝シース〟でもどんどん使うのだ。

「甲子園のメンバーが何で18名に増えたのか（03年夏に16名から変更）。絶対複数投手制なんですよ。牧野（直隆元高野連会長）さんの『多くのピッチャーを投げさせてくれ』という想いが入っとんですよ。ところが、みんなエースでいくんです。高野連の意図を汲んどるのは智弁和歌山だけなんですよ（笑）。シースでもデース（四番手）でも出てくんのやから」

力がないのはわかっていても、公式戦で使う。負けられない試合、大舞台で使う。練習試合では絶対に得られない経験が投手を成長させる。

「絶対そうですよ。そうでないと、二番手、三番手は育たんですよ」

監督が怖がっていては、選手は育たない。腹をくくり、開き直って起用する。結果的には、それが好結果を生みだすことにつながるのだ。

髙嶋 仁のセオリー 52

結果が出ていない投手でも大胆に起用する

「えーっ!? このピッチャーが先発?」

失礼ながら、智弁和歌山の先発投手を聞いて驚いたことが何度もある。例えば、1997年夏の準決勝・浦添商戦。先発は2年生右腕の児玉生弥だった。児玉は前日の佐野日大戦で二番手として登板したが、1回を2安打1四球で3失点。5対1と楽勝ムードだった試合の雰囲気を壊している。その翌日なのだ。

この他には、2000年春の準々決勝・柳川戦。先発は背番号10の左腕・白野託也だった。白野は3年前の児玉以上に不安たっぷり。なぜなら、それまでにまったくいい投球をしていないからだ。1回戦の丸亀戦では7回から登板。17対2と15点の大量リードがあったにもかかわらず、2回で7安打を浴び5失点している。2回戦の国士舘戦では8回から登板し、2安打1四球2失点でひとつのアウ

ト も取れずに降板した。このときの柳川といえば、大会ナンバーワン投手・香月良太を擁する優勝候補。そのチーム相手に、これだけ結果の出ていない投手を使うのは考えられない。

ところが――。いずれも、結果は吉と出た。児玉は7回を5安打無失点。白野にいたっては、4安打に抑えて完封してしまったのだ。これには、驚かずにはいられなかった。ちなみに、勝利には結びつかなかったものの、18年春の決勝・大阪桐蔭戦でも同じような起用をしている。前日の準決勝・東海大相模戦で先発し、一死も取れず4安打1四球4失点でノックアウトされた背番号18の2年生右腕・池田陽佑を先発に指名。池田は6回を5安打3失点の合格点の投球を見せた。なぜ、こんな投手起用ができるのか。

「普通は使わんでしょ(笑)。ちゃんと裏付けがありますよ。ピッチャーの性格として、KOされた次というのは必ずいいんですよ。『今度こそは』という想いがある。それと、何で打たれたか自分でわかっとるんですよ。児玉のときは僕の考えと(林守)部長の考えが一致した。『こいつでいけるところまでいこう』と。まぁ、それでダメならバッティングが悪い。ピッチャーが悪いんやなくて点を取れんのが悪いと。『負けたら監督の責任や』という開き直りもあるんですけどね。児玉はのらりくらりしながら抑えてくれた。これが優勝に結びついとんですよね」

児玉の先発起用は選手たちにも驚きだった。前夜、児玉の先発を伝えられた捕手の中谷仁は「ホンマですか⁉」と絶句。その日に出た課題を修正するために、児玉をシャドーピッチングに連れ出した。

「ようわかってますよ。そんなん、させろとは言うてないんですよ。言わなくてもそれができるチームやった。だから強かったんです」

白野の起用は前日の練習に伏線があった。キャッチボールの際に林部長が「腕をちょっと下げてみたらどうや」とアドバイス。それが復調のきっかけになったのだ。

「実際にはほとんど変わってない。でも、気持ち的に（腕の位置が）下がった。そしたら、ボールが来るようになったんです。それで、『これやったらいけるで』となった。もうね、『負けてもどうってことあらへん』そういう思いですよ（笑）。それで投げさせたら、一生に一回しかないことが起こった。途中でノーアウト満塁があって0点に抑えたんやから。みんなそうでしょうけど、どこかで一生に一回できるかできんかというのが起こるんですよ。それが練習試合か公式戦か甲子園かはわからない。白野の場合は、それがたまたま甲子園で起こったということ。それ以降は夏も全然ダメでしたからね」

この夏、智弁和歌山は優勝しているが、白野は一度も登板していない。柳川戦が、まさに〝一世一代〟の投球だった。

「バッターでいうまぐれみたいなもの。ピッチャーは何十球も投げるからまぐれとは言わんけど、それがたまたま使ったときに出ただけなんです」

髙嶋監督は簡単に言うが、これは誰でもできることではない。やはり監督は、負けたときのことを考えるからだ。初回から大量失点をして一方的な展開になれば、周りから何を言われるかわからない。ましてや甲子園なら、テレビで全国中継までされているのだから。

白野が好投した00年春。髙嶋監督は初戦の丸亀戦で公式戦初先発となる2年生の中家聖人を起用している。中家は5回で8安打を浴びながらも、2失点で踏ん張り、試合をつくった。

「当時の理事長に怒られましたけどね。『何であんなん使うんや。試合に出んの初めてちゃうんか』って。でもそれは、ちゃんと練習試合できちっとできとるから使うとる。裏付けはありますよ」

大胆に思い切りよく抜擢する。怖がらずに背中を押してやれば、高校生はとんでもない力を発揮することがある。ただそれは、リスクを承知で使わなければ絶対に起こらない。

「ええピッチャーがおらんから、とっかえひっかえ使うしかしゃあないんですよ。そういうチーム事情なんです。度胸やない。チーム事情や」

思っていてもできない人ばかりの中、髙嶋監督は実行する。使うから、育つ。使うから、思ってもみないことが起こる。恐れずにそれができるのが、髙嶋監督の強さなのだ。

高嶋 仁のセオリー 53

初球から思い切り振る勇気を持たせる

初球の甘い球を打つ。これは攻撃の鉄則だ。

「ピッチャーの心理としたら、早く追い込んで自分の持ち球（得意球）で勝負したい。これはみんな思うとることですよ。カウントを整えるときにコースを狙ってボールになったら不利やから、ストライクから入る。そのボールを逃したらアカンですよね」

もちろん、髙嶋監督もその球を狙うことを徹底させている。

「甲子園戦法の中にカウント０－０攻撃、１－０攻撃というのがあるんです。というのは、ストライクを取りにくるボールを打ちなさいと。ヒットが出る確率が一番高い。データも出とるんです。その通りですよ。ストライクを取りにくるボールには、甘いボールが1球、2球必ずありますから。それを打つのか、見送るのか。それで決まりじゃないですか。そこをどんどん行け。追い込まれたら、しゃあないという感じですね。高校生、特に技術的に未熟なヤツがいい結果を出そうと思うたら、どんどん行かなアカンですよ」

積極的に振らせるためには、監督が腹をくくることが必要だ。

「例えば初球から行ってフライが上がったとかね。それはええと思うんですよ。それはしゃあない。だから言うんですよ。『一番1球め、二番1球め、三番1球めはＯＫ。打ったらアカンときは、オレが待てのサインを出す。お前らは、常に1球めから行く気持ちじゃなきゃアカン』って。失敗を怖るなということなんですけどね」

振っていくから合う、合わない、いい、悪いがわかる。振っていくうちにタイミングも合ってくる。振るからまぐれもあるのだ。

「こっちがチャンスで、相手がストライクを欲しかったら、やっぱりまっすぐでこないですよね。だいたい勝つチームは、まず変化球でストライクを取りにくる。それを逃したら勝てないですよ。ファウルでもええから思い切っていかんと。逆にウチがピンチやったら、変化球を見送ってくれたら楽ですもんね」

これに加え、前の打者が何を打ったのかも考慮する。ストレートを打っていたら、変化球。変化球を打っていたら、ストレート。状況や相手心理を考え、読みも使って、初球を狙う。思い切って振る。

「それを打ってね、例えばボテボテになっても、フライになっても、それはもう結果やからね。『思い切り振れる勇気を持て』と言うてます。『思い切り打って、ピッチャーフライが上がって点が入らんかった。それはお前の責任ちゃう。打てのサインを出した監督が悪いと思え』と言ってます」

選手は思い切ってやればいい。結果の責任は監督が取る。失敗を怖がらず、いかに思い切り振れる状態をつくってやれるか。髙嶋監督が心がけているのはその一点なのだ。

高嶋 仁のセオリー **54**

3年生は必ず試合に出す

高嶋監督にとって、甲子園最後の試合になった2018年夏の近江戦。2対7とリードされた9回裏に、智弁和歌山は反撃を見せた。2つの四死球で一死一、二塁。「さあ、ここから」という場面だが、打席に本来の四番であるキャプテン・文元洸成はいなかった。

なぜ、いなかったのか。その前の8回表にベンチに下がっていたからだ。エースの平田龍輝が2ラン本塁打を打たれて降板したときに、投手を四番の打順に入れていた。そこは代打の目代康悟が死球でつなぎ満塁とするが、次の五番は背番号13の本多吏樹。前年からのレギュラーで、2017年夏の甲子園で本塁打を放っている本来の五番・冨田泰生は9回の守備から退いていた。本多が意地の犠牲フライを打って1点を返すが、次の六番も1年生からレギュラーの黒川史陽がベンチに下がっていた。9回の守備から出場した背番号14の高瀬宗一郎が打席に入り、ショートゴロ。一死満塁の反撃機は1

点止まりに終わり、髙嶋監督最後の夏は終わった。

途中出場の選手たちに共通しているのは、3年生であること。文元、冨田、黒川の打力があれば大量点も期待できたが、それよりも髙嶋監督は3年生を出すことにこだわった。

「甲子園に出たいし、甲子園に出たら勝ちたい。と言いながら、1回戦で負けると思ったら3年生をバンバン使うんです。そうすると、後半チャンスが来て、補欠に回ってくる(笑)。それがええことか悪いことかは知らんけど、しゃあないですよね。これは自分の性分やから。3年間やってきて1回も出れんかったらかわいそうですよ。だからレギュラーのヤツには『1回でもいいから勝て。そしたら補欠出せるやろ』って言うんですけど」

こんな発言を聞いたのは、それまでにも何度もあった。例えば、09年夏の2回戦・札幌第一戦。1回戦で八番だった平野晃士を六番に上げた理由を訊くと、こう言っていた。

「平野は法政に行くんですよ。法政の関係者が観たときに、『何で八番?』と思うか、『六番か。まぁ、しゃあないな』と思うか。最大限、彼をええところに置くとなるとそこやった。勝ち負けは考えてない」

11年の白樺学園戦では5対1とリードした7回一死一、三塁の場面で二番手に古田恭平を起用した。

「普通やったらあのピッチャーには代えないですよ。でもね、日体大へ行くためには、あそこしか使うところがなかったんよ。アスリート何とかという枠で、甲子園で投げてる実績がなかったらアカンねん」

ところが、古田は死球で満塁にした後、満塁本塁打を浴びる。さらに8回の先頭打者にも勝ち越し本塁打を打たれて降板した。結果的には、延長10回の末にサヨナラで辛くも勝ったが、温情の起用が負けにつながるところだった。

「ちょうど目先をかわすのにええわと思ったんやけど。ちょこちょこと投げさせたら抑える子なんですけどね。甲子園はちょっと違いますね。あの試合は負けたら絶対監督の責任。『何であんなとこであんなピッチャー投げさすねん』って、絶対なりますよ。でも、どうしても日体に行きたいって言うんでね」

髙嶋監督ならではの〝温情采配〟。ときには、監督の想いに選手が応えてくれることがある。岡田俊哉がエースだった09年夏の2回戦・札幌第一戦がそうだった。このチームは髙嶋監督が夏の甲子園に率いた23度の中でワーストのチーム打率・248。レギュラーのうち5人が2年生と下級生中心で、岡田が打たれたら終わりというチームだった。体調不良で発熱していた岡田が序盤からつかまり、6回を終わって2対5。ここで髙嶋監督は半分白旗を上げた。

「完全な負けパターンですね。あきらめてはないですけど、やられてもしゃあないなと。岡田に連れてきてもうたんやから3年生をどっかで使わなアカン。今日の試合は神様が『3年生を使え』と言うとると思って、3年生に『ボチボチ用意しとけよ』と準備させました。やっぱり、3年生のチームですからね。3年中心で出とったらええんやけど、2年が軸で出てますから。せっかく甲子園に行ったんやし、こういう展開になると、全員出してやらなアカンという頭はあるんですよね。まぁ、そのへんが甘いところなんやけど」

7回表、髙嶋監督がその想いを実行する。一死一、三塁で八番の2年生・瀬戸佑典に代え、3年生の三宅亮伸を代打に送った。「当てるの上手なんでね。三振はないやろうと」。三宅の当たりはセカンドゴロ。併殺打かと思われたが、セカンドがトンネル。1点を返した。

「ああいうチャンスでゴロを打つなというのが僕の鉄則なんやけど……。いい当たりで、うわー、ゲッツーやと思ったらトンネル。あのへんからこっちに運が来た」

なおも一死一、三塁の場面で九番の2年生・城山晃典に代え、3年生のキャプテン・左向勇登。左向はセンター前にポトリと落ちるヒットでもう1点返した。4対5と1点リードされて迎えた9回表は一死二塁で8回から守備についていた3年生・喜多健志郎が二塁打を放って同点。その後、一死満塁から西川遥輝のライト線二塁打で勝ち越すと、途中出場の3年生・外浜雄司が犠牲フライを放ってダメ押しの8点目を挙げた。

この逆転には相手のトンネル以外にもいくつもの偶然が重なっている。ひとつは、左向の起用。実は、髙嶋監督は当初、城山に代えて喜多を使うつもりだった。

「喜多はまぐれで当たったら大きいの打つ子なんでね。ところが、(ベンチ)裏でスイングしとって、僕の声が聞こえてなかった。前に左向がおったから、『お前行け』となった(笑)。左向はキャプテンで一生懸命努力しとる子。順番からいうと、『最後はこいつで終わらしたろう』って9回2アウトから出る子なんやけどね」

そんな事情は相手ベンチは知らない。札幌第一は180センチ、90キロの左向を見て、外野手は長打警戒の深めのシフトを敷いた。それをあざ笑うかのように、左向の詰まった当たりは、センター前に落ちたのだ。

「智弁だから、下がっとるから前に落ちた。普通のところに守っとったら捕られとる(笑)。お客さんも『智弁やったら何とかしてくれる』と思っとる。今までの先輩の力が大きい。智弁というネームですよ。中身見たらたいしたことないんやけど」

強打の智弁。終盤に逆転劇を見せる智弁。これまでの積み重ねが、雰囲気を作っていった。札幌第一の菊池雄人監督はこう言って悔しがる。

「負けがほぼ決まり、教育的配慮で3年生を出す監督もいますけど、髙嶋監督の使い方は理由を聞いてみないとわからない。ある意味、戦術的に投入したとも見えました。結果を求めるときは余裕がなくなりますが、勝ったり、経験を積むと心に余裕ができ、豊かになる。髙嶋監督の余裕、雰囲気が武器になっていると思います。勝てる試合でした」

髙嶋監督にしたら、戦術も何もない。あるのは、3年生を出してやりたいという想いだけ。それが思ってもみない逆転勝ちに結びついた。

「『3年生の意地』とか新聞はええように書いてくれたけど、中身は監督が開き直っとったから。やっぱり、勝とうと思ったら使いません。そらそうですよ。力的に2年生のほうが上やもん。ああなったら、開き直らんとしゃあない。開き直るということは、監督の思い通りやったらええということ。負けて責任取るのは監督ですから」

この時点で髙嶋監督は甲子園優勝3度、準優勝3度。勝っている監督だからできることだろう。髙嶋監督でも、若いときなら、こんな采配はできないはずだ。

「そうかもね。年や年（笑）。でもね、こうなったら、言うことはこれだけ。『わしはやることやった。監督の仕事終わったで。あとはお前らや。帰って練習するか、天国にいるか。天国にいたい？　なら、勝つんやろ』と」

普段は厳しく指導する。勝負への執念も燃やす。だが、最後の最後に情が出るのが髙嶋監督の魅力。そんなやさしさに、たまには、野球の神様が微笑んでくれるのだ。

高嶋 仁のセオリー 55

監督は余計なことをしない

無死一、二塁——。

高校野球なら、ほぼ100パーセントに近い確率で送りバントのサインが出るケースだ。だからこそ、そこに監督の思いや心境が出る。

2006年夏の準々決勝・帝京戦。9回裏、橋本良平の3ランで11対12となった後に、2つの四死球で無死一、二塁になった。送って一死二、三塁にすれば一打サヨナラの場面ができる。ここで、髙嶋監督は「打て」を選択した。

打者は七番の左打者・馬場一平。この試合では第1打席で3ラン、次の打席でも2打席連続の本塁打と当たっていた。

「2本も放り込んどるヤツですやん。それなのにバントして失敗したらブーイングですよ。それよりも、チームがぐーっと来てましたからね」

4点リードが9回表の8失点で逆に4点ビハインド。そこから1点差に追い上げ、なおもチャンスということで、スタンドの盛り上がりは異常だった。声援が智弁和歌山の逆転を後押しする。この雰囲気に監督が水を差してはいけないとの判断だった。

「僕は引っ張ってほしかった。引っ張ってダブルプレーでもええという気持ちでおったんですけどね。確かにバントは成功するかもしれない。でも、流れからいうたら、バントしたらアカンと。そのときの自分の勘ですけどね」

打っていった馬場はレフトフライに終わる。だが、流れは切れなかった。続く代打の青石裕斗がセンター前にタイムリーを放って同点に追いつくと、その後は連続四球で押し出し。サヨナラで勝利をつかんだ。

「あそこでバントさせてたら、たぶん負けとるでしょ。監督が余計なことしたら絶対負ける。どっちがええかなって流れを読んでやらんと」

一方で、悔いを残しているのが、02年夏の決勝・明徳義塾戦。0対1で迎えた4回表だった。先頭の堂浦大輔がレフト前ヒットで出塁すると、髙嶋監督は三番の本田将章に送りバントを命じた。一塁線に転がった打球は切れると思われたところからイレギュラーでフェアゾーンに入り、内野安打。これで無死一、二塁になった。打席には四番の主砲・岡崎祥昊。1年生からベンチ入りし、00年の優勝を経験している。キャプテンでもあり、チームの精神的支柱だった。

打たせるのか、送らせるのか。髙嶋監督が選んだのは送りバントだった。岡崎はきっちり捕手前に転がし一死二、三塁となったが、髙嶋監督には何かひっかかったものが残った。

「あのときは、優勝を狙うて上まで上がったわけやないんですよ。まぁ、ひとつかふたつ勝ったらええわというチーム。明徳のほうが強かったから、何とか後半までくっついていこうという頭があった。2点差か、3点差でくっついていけば、絶対後半にチャンスが来る。そう思ったら、四番にバントだったんですよね。でも、僕としたら四番で勝負したかった」

無死で走者が出れば、確実に送って残りの2人で1本出るのを待つのが髙嶋野球のスタイル。ここも一死二塁から四番、五番の打撃に期待するのがパターンだ。だが、無死一、二塁となったことが、逆にリズムを狂わせることになった。結果的に、五番の西村裕治のところで1ボール2ストライクからスクイズをしかけるも外されて空振り。三塁走者も刺されて無得点に終わった。

「後半に勝負したいがためにバントした。あれが間違いやった。だから、やっぱり負けるべくして負けとるんです。あのゲームは、監督がいらんことしたから負けた。今やったら、打たすと思います」

一死二塁のつもりが、無死一、二塁になった。本来なら喜ぶべきことだが、それがかえってマイナスになることもある。ラッキーがアンラッキーになることもあるのだ。

「あそこで打たしてゲッツーになったら『何でバントせんのや』ってなるんやけど、打たすってことは勝負しとんのやから、監督としては悔いは残らへん。それは結果ですから」

何が〝いらんこと〟で何が〝いること〟なのか。いらんことを見極めることができなければ、勝てる試合も落とすことにつながりかねない。

「よその試合だとようわかるんやけどね。自分の試合だとようわからんのや（笑）」

ただ、ひとついえることがある。あるとき、髙嶋監督に「試合が始まったら監督ができることは何割ですか」と訊いたことがある。そのときに髙嶋監督はこう言った。

「1割やな。監督で勝つ試合なんてほとんどない。邪魔さえしなければいい」

そして、こう続けた。

「監督は練習ではどんどん前に出なきゃいかん。『オレはこういう野球をやりたい。そのためにこれだけの練習をするんや』ということを選手に伝えないとアカンと思う。でも、試合になったら任せる。優勝監督のインタビューって、だいたい同じなんよね。『ここまで来たら、選手を信頼して任せた』って。まぶっつぁん（馬淵史郎、明徳義塾監督）でもそうやった。勝つときは『勝っても負けてもええやん。お前らでやってくれ』という心境になれる。だから強いんちゃうかなと思うんですけどね」

高校生の成長は驚くべきものがある。勝ち上がれば勝ち上がるほど、信じられない力を発揮する。だからこそ、監督が邪魔をしてはいけない。指揮官が余計なことをしてはいけないと気づけるかどうか。そこに、勝てる人とそうでない人の差がある。

髙嶋 仁のセオリー 56

約束を破ったら即交代する

なぜ、交代するのか。首をひねった人が多かったはずだ。

2011年夏の甲子園2回戦・白樺学園戦。7回表の守備からライトが山本隆大から中村恒星に代わった。山本は左の三番打者。この試合では1安打2四球と結果を残している。直前の6回裏の打席ではライト前ヒットを放っていた。代える理由がないように映るが、髙嶋監督には明快な理由があった。

「あの子は引っ張ったらホームラン打てる子なんですよ。でもね、ホームラン打った後は必ず悪いんです。引っ張りばかりでボテボテが多くなる。だから、あるときに約束したんです。『引っ張ったら交代な』って。『右中間やったら、まぁええ。それより右側にいったら交代やで』と。約束してから、左方向にホームランを打てるようになった。あの子はバッティングセンスだけは抜群やったから」

交代した理由は6回裏にライト前ヒットを打ったからだ。ヒットでも、約束は約束。髙嶋監督に躊躇はなかった。

「ヒット打ったとか関係ない。やることせんかったらすぐ代える。和歌山大会でもそうやったから。ライトに放り込んだ。ホームベースを踏んで帰ってきて、『ご苦労さん』とパッと交代や。ホームラン打って代えられて、えらい親が怒っとったらしい。『なんでや』って。でも、違う。本人との約束やから」

性格的に調子に乗るタイプ。時代が時代なら一回蹴飛ばして終わったかもしれないが、そんなことはできない。本人にわからせるため、徹底させるためには交代するぐらいやらなければいけなかったのだ。

「左側にボテボテなら使うと言うとるんやから。やっぱり、本人のためにセンターから逆方向という約束でね。甲子園でもええところが出て、バックスクリーンに放り込んどるでしょ（1回戦の花咲徳栄戦で3ラン本塁打）。あれを引っ張ってたらそうならない。だから、甲子園であっても『右側に飛んだから交代やで』と言って代えたんです。本人は納得しとるんです」

そこまでやらなければ、なかなか意識は変わらない。力を持っている選手だけになおさらだ。選手が成長するためにどうしたらいいのか。勝敗に影響する可能性もある。悪者にされる可能性もある。それを承知で約束を実行する。妥協せずに徹底できるのが髙嶋監督なのだ。

高嶋 仁のセオリー57

サードのバント処理時の一塁送球はしっかりと縦に切って投げさせる

バントの打球にサードが前進して一塁に送球する。サード守備の見せ場のひとつだ。間一髪セーフか、アウトかというプレーになりやすいため、高嶋監督は重要視している。

「特にセーフティーバントのときなんか、ボールが必ずそれるんですよ。それを僕はめちゃくちゃ怒る。（投げるときに指を）横に切ってしまうとボールもそれる。だから、絶対縦に切れと言うんです。横から投げてもええから縦に切れと。そうするとまっすぐ回転しますから」

横から投げるとよくあるのが、シュート回転して右側にそれてしまうこと。ワンバウンドにもなりやすい。

「甲子園なんかでもそういうとこを観とるわけ。そこまでうるさく言うとる学校っていうのは、やっぱり強いんよ。そこはきちっとやらなアカン」

まさに、このプレーが出たのが、2011年夏の甲子園2回戦・白樺学園戦だった。延長10回表に1点を勝ち越されて迎えたその裏。同点とし、なおも一死一、二塁という場面で、髙嶋監督は七番の小笠原知弘にセーフティーバントを命じた。三塁前に転がった打球をサードの表和樹が前進して捕球するが、一塁へ悪送球。この間に二塁走者が生還して智弁和歌山がサヨナラ勝ちした。

「(白樺学園は)バッティングはよかったけど、守備はもうひとつやった。ノックを見とったら、サードの子が狙い目やなと。チャンスがあったら、あそこへセーフティーをやらしたろうと思ってた。そしたら、一番セーフティーの上手な子に回ってきたんですよ。よっしゃ。アウトになってもええからとサードを狙わせたら、悪送球してくれたんです」

この攻めについて、白樺学園の戸出直樹監督はこう言っていた。

「実はサードはイップスだったんです。ノックでも4つ(ホーム)に結構悪送球しちゃう。長い距離は投げれてたんですけど。そこを髙嶋さんに見抜かれたかもしれない」

普段から細かい部分にこだわって指導する。自らがこだわっている部分だからこそ、相手がどうかもわかる。こだわりと観察眼の勝利だった。

高嶋 仁のセオリー **58**

「待て」のサインを効果的に使う

あえて、打たせない。

積極的に打つのがスタイルだからこそ、「待て」のサインが重要だ。

もっとも印象深いのが2006年夏の帝京戦。9回表に8点取られ、8対12とリードされて迎えた9回裏だった。先頭打者から連続四球で一、二塁となり、打者は四番の橋本良平。ベンチの高嶋監督は、橋本の姿を見てすかさず「待て」のサインを出した。

ボール。

さらに、2球め。高嶋監督は再び「待て」のシグナルを送った。

ストライク。

「バッターって、雰囲気がね、『打ったろう』と思うたら、どえらい力むんですよね。（肩を上に上げるジェスチャーをしながら）こんな感じになる。橋本なんかすごかった。もともと上げるほうですから、打てのサインなら内野フライやと思った」

カウント1－1となったところで、橋本に変化が起こる。その変化を見て、髙嶋監督はサインを「打て」に切り替えた。

3球め。真ん中高めに入ってきた球をとらえると、打球は左中間スタンドへ一直線。1点差に追い上げる3ランホームランになった。

「橋本は1球見てもまだ力んどるからまた待て。そのときに彼がこう肩を上下動し出した。これで打てるんちゃうかなと」

実は、髙嶋監督が「待て」を使うのは珍しいことではない。初優勝した1994年のセンバツ決勝・常総学院戦でもこんな場面があった。5対5で迎えた9回表。二死満塁で八番の藤田久嗣が打席に入った。藤田は2年生。1、2回戦では合計5打点を挙げる活躍も、準々決勝、準決勝では無安打で途中でベンチに下がっている。この日もそこまで無安打で「代えられると思っていた」。前の打者の松野真人が見逃し三振に倒れたこともあり、なおさら気合が入っていた。

カウント3－1。バッティングカウントが来た。「次の球で勝負」。そう思ったとき、髙嶋監督から「待て」のサインが出た。ストライクで3－2となったが、藤田は「冷静になれた」。1球ファウルの後の7球め。内角のストレートをレフト前に運び、優勝を呼ぶ勝ち越しの2点をたたき出した。試合後、髙嶋監督は「待て」のサインについて「気負いを感じたから」と説明している。橋本のときと同様、打者の様子を見て指示しているのだ。

「藤田の場合は八番バッター。下位打線というのは、3－1も3－2もいっしょですよ。打てんから下位におるんです。3－1といっても、（ストライクかボールか）くさいボールを打ったらヒットにならんですよね。ピッチャーの心理として、3－1からも、もちろん真ん中に放るんですけど、3－2になるともっと歩かせたくないという気持ちが出てくる」

ましてこのときは満塁で押し出しがある場面。さらに投手は本来センターで高校初登板の内田隆博。それまで好投していた高谷睦樹が打球を足に当てての緊急登板ということもあり、なおさらボールを置きにくるだろうという思いもあった。

「待てがええほうに出てますね。普段は打て、打てですから」

打ちたいと欲が出すぎるといい結果は望めない。ストライクを犠牲にしてでも、冷静になる時間を与える。「待て」のサインの使い方とタイミング。「打て」の一辺倒ではないところに、髙嶋監督の強さがある。

高嶋 仁のセオリー 59

好投手相手に三振はOK

「三振してもええ。見送りの三振はＯＫや」

高嶋監督が選手たちにそんな指示を出したのは１９９７年夏の決勝・平安戦だった。相手エースは大会ナンバーワン左腕の川口知哉。１回戦からの５試合で２完封。２ケタ奪三振を３度マークしていた。

「あのときは、試合前に三振のことしか言うてないんですよ。選手には『三振を５つにしたら絶対優勝できる』と。何でかというと、川口を見たときに三振しとるのはみなボールなんですよ。スライダー、フォークで三振。左でええときは１４０キロ中盤が出る。それが頭の中にあるから打ちにくいんです。見送りの三振はＯＫというのは、低めを振るなということ」

４連投でいつもの球威がない川口に対し、智弁和歌山打線はこれを徹底した。低めには手を出さない。いつもは空振りを奪える球がボールになることで、川口のリズムは狂った。

「川口もまっすぐばっかりではアカンから変化球も放る。今まではみんなその変化球を振ってくれとったのに、智弁は見たわけです。そしたら、次に変化球を投げようとしたときに高めに浮いてくるんですね。それを狙ったんです」

この試合、智弁和歌山打線が喫した三振は４個のみ。６回までは３安打２点だったが、後半、徐々に球が浮いてきたところを逃さず、７回以降に６安打を放って３イニング連続得点。夏の甲子園初優勝を果たした。

それから15年後の２０１２年。大阪桐蔭の藤浪晋太郎（現阪神）について訊いたときはこう言っていた。

「スライダーは捨てて、まっすぐの浮いたボールだけを狙う。ああいうピッチャーを打つには、それしかあらへん。これも打て、あれも打てでは絶対無理。『三振してもええから、〝ここ〟と決めて、そこに来たら打て』と。低いところに来てストライクでもええ。そう言わんと打てん」

14年秋の東海大会に県岐阜商の１５０キロ右腕・高橋純平（現福岡ソフトバンク）を観に来たときも、「ああいうピッチャーは『三振はＯＫと言ってやらなアカン』」と言っていた。

「いいピッチャーを打とうと思ったら、当てにいったらアカン。三振して自分のアカンところがわかるんよ。狙い球はどうやったんか、絞り方が悪かったんか、コースはどうやったんか、カウントがどうやったんかとかいろんなことがわかる。当てにいったら、そんなん反省もへったくれもない。何のために毎日150キロのボールを打っとるんやと」

思い切って自分のスイングをするからこそわかることがある。空振りをするからタイミングの早い、遅いもわかる。三振を怖がって当てにいってしまえば、自分の修正点がわからないだけでなく、相手になめられる要因にもなる。三振しても「次はやられるかもしれない」と思わせなければ次につながらない。だから、振らなければいけないのだ。振っていれば、3打席め、4打席めでタイミングが合ってくる。

もちろん、低めのワンバウンドになる変化球は永遠に打てないボール球なので見逃す。低めは見逃し三振でOK。高めに絞って、思い切って振っていく。これが、好投手攻略のカギなのだ。

髙嶋 仁のセオリー 60

優勝するには、実力、運、勢い

「忘れられない。あれで甲子園で優勝できる力をつけた。ウチのチームでも甲子園で通用するんやなと思えた。あれを負けとったら、甲子園で1つ2つ勝つとこをウロウロしてるだけでしょうね」

髙嶋監督がそう言うのが、1994年センバツの準々決勝・宇和島東戦だ。8回を終わって0対4。敗色濃厚の展開から9回に5点を奪って逆転。その裏に追いつかれたものの、延長10回表に勝ち越して6対5で勝利した。

髙嶋監督が忘れられないのは、9回表。2点を返してなおも二死満塁の場面だ。打席には一番の植中洋平。カウント3―1から髙嶋監督は「打て」のサインを出した。

「フォアボールじゃ1点しか入らん。3点じゃ勝てないんですよね。ここは打って逆転を狙わなアカンと」

塁上にいる3人の走者はすべて四死球で出塁している。投手の制球は不安定。「選んで次につなごう」という意識が出そうなところで、「打て」と言ったのだ。これに加え、もうひとつ髙嶋監督が「打て」と指示した理由がある。それは、打者が植中だったことだ。

「彼が努力したのを知っとるわけですよ。3年間、自主練が終わって帰るのは最後。それだけ練習したんやから絶対打ってくれると思った」

真ん中内寄りのストレートをたたいた植中の打球は右中間をまっぷたつ。満塁の走者を一掃する逆転三塁打となった。

「植中本人もここは打てのサインが出ると思うとった。監督と選手の気持ちが通じとるわけですよ。そういうときってやっぱりすごい力を出すんやなと思いましたね」

土壇場で植中が打ったのは実力があったからこそだ。だが、この場面は実力だけで片づけられない要素もあった。植中の打席のカウント3—0となったところで宇和島東・上甲正典監督は投手を代えているのだ。ショートの松瀬大がマウンドへ。背番号1で普段から投手も務める松瀬だが、満塁、カウント3—0から、投球練習もしていない状態での登板は酷だった。植中に投げた2球はどちらもストレート。微妙なコースは狙えず、捕手はほぼ真ん中に構えていた。試合後、松瀬は「フォアボールを出さないよう、速球しか投げられなかった」と語っている。

そして、もうひとつ。こんなこともあった。三塁打で植中が三塁に到達した際、宇和島東の中継プレーが乱れていた。それを見ていれば、6点目のホームインができたはずだが、植中は三塁の味方ベンチに向かってガッツポーズ。進塁のチャンスを逃した。次打者の岸辺直人もセンターフライに倒れて追加点はならず。その裏に追いつかれる要因となっている。こういう場合は取り逃した1点が敗因になることが多いが、それでも負けなかった。運があるとしかいいようがない。

「最後まであきらめたらアカンなって教えてもらったのがあのゲーム。このときは、（甲子園で）上まで行っとるのが初めてじゃないですか。優勝したとき思うたんですよね。やっぱり、宇和島東戦でああいう試合をものにしたから優勝できるんやなって。上甲さんの口癖も『あんたはあの試合からやな。上がり出したのは』。そういうきっかけってやっぱりあるんやなと自分でも思うた」

99パーセント負けという状態をひっくり返せば、自然と勢いが生まれる。宇和島東戦の後、智弁和歌山が勝った相手はＰＬ学園、常総学院。髙嶋監督にとっても、中村順司監督、木内幸男監督の優勝経験監督を破る、その後に大きくつながる勝利となった。

97年夏に優勝したときは、和歌山大会決勝・日高中津戦がターニングポイントだった。1対1の同点で迎えた8回裏に勝ち越し本塁打を打たれたが、それがただの本塁打ではなかった。レフトの鵜瀬亮一が一度グラブに収めたが、捕った瞬間にグラブがフェンスに当たり、その衝撃でボールがこぼれてスタンドに入ったのだ。まさに不運としかいいようがないプレー。これまた敗色濃厚だった。

9回表の先頭打者はレフトの鵜瀬。「しょぼんとしとんのかと思ったら違った」と髙嶋監督が驚く気迫を見せ、内野安打で出塁すると、三番の喜多隆志が送りバントを決めて一死二塁。打席には四番の清水昭秀が入った。とりあえず得点圏に送ったものの、髙嶋監督の心中はこうだった。

「五番の中谷がすっとこダメやった。ほとんどヒットを打ってない（この大会は18打数4安打、打率・222の不振）。四番は歩かせて中谷勝負やな。そうなったら、バントで行くか、エンドランやろうか……と一生懸命考えとった」

ところが、相手バッテリーは清水と勝負してきた。清水も気負っており、1球めはスライダーをとんでもない空振り。3球スライダーを続けても打てないような空振りだったが、それがかえって幸いした。

「そんな空振りしとったから、バッテリーは考えるんですね。次にスライダーをいかないんですよ。まっすぐでいった。そしたら、『待ってました』で打った瞬間ホームラン（笑）。スライダーが来てたら当たってませんよ」

土壇場で本塁打を打った清水に実力があったのはもちろんだが、相手が清水を歩かせなかったこと、ストレートを投げてくれたこと。どちらも智弁和歌山に運があった。試合の中での運。勝負運。相手のミスを誘うのも実力があるからこそだ。

これに加えて、髙嶋監督が必要だと考えるのが〝くじ運〟。高校野球がトーナメントで行われる以上、避けて通れない部分だ。

「運というのはしょっぱなですよ。特に甲子園は、どこと当たるか。過去7回決勝まで行ってますけど、1回戦はやっぱりええとこと当たっとんですよ。まず勝てる、勢いに乗せてくれる、そういうチーム。ウチらのチームは、1回戦から優勝候補やったら、そら勝てないですよ。ぐーっと乗ってきて大阪桐蔭とかPLやったらええ勝負できるけど、1回戦から当たったら無理ですよ。そういう面で運、不運はつきまとう。くじ運は絶対必要です」

では、髙嶋流・抽選必勝法はあるのだろうか。

「勝てるとこがだいたい5つ6つあるじゃないですか。内心はそこ引けよと思うとる。でも、口では『一番強いとこ引いてきたらええねん。桐蔭引いてこい』と言う。そしたら気楽になる。『桐蔭でもええんや。どこでもええわ』ってなるやないですか。そうすると、ちゃんと勝てるとこを引いてくる（笑）」

ちなみに、ごみ拾いや一日一善など、運を呼ぶために何か特別なことをするようなことはしない。

「家内に言われるのは『運は野球で使いなさい。宝くじで使うな』と。宝くじを買うたびに言われる（笑）。内心ええことというなぁって思うとるんやけど。野球が終わったから宝くじに使おうか（笑）」

敗戦目前に追い込まれても、相手が選択ミスをしてくれるような実力、ネームバリュー。土壇場でひっくり返す底力。逆転劇で生まれる勢い。そこにくじ運があれば優勝を狙える。それが、髙嶋流〝優勝への方程式〟なのだ。

髙嶋 仁のセオリー 61

サインは簡単にする

とにかくシンプル。

それが、髙嶋監督のサインだ。帽子、胸、腕、手……とあちこちを素早く触る監督が多いなか、ゆっくりと3か所から4か所程度しか触らない。

「たくさん触ったら出てない（笑）。例えば、1アウト、2アウト（のジェスチャー）。これがサインなんです（笑）。その後に触る。テレビが来たなというときは知らん顔しとって、カメラが別を向いたら触る。向こうの監督は一生懸命見とるんですけど、気持ちの中では『アホやなー。見てもいっしょなのに』って（笑）。そのときに（サインがないのがわかっているため）ウチのヤツらもよそ見しとるから困るんやけど（笑）」

あるときは、「どアホー！」と怒っているのがサインだった。甲子園でこんなサインを使うのは、髙嶋監督ぐらいだろう。

送りバント、エンドラン、スクイズぐらいしか出さない髙嶋監督の中では、会心といっていいサインがある。それは、1997年夏の決勝。左腕・川口知哉を相手にする平安戦の9回表二死一、二塁の場面だった。ベンチの髙嶋監督は、二塁走者の喜多隆志に向かって、「おーい」と手を振る。これがサインだった。

「一、二塁からの三盗は喜多の得意のパターン。だから、行けたら行ってもいいよと」

五番・中谷仁に対しての初球。川口がモーションに入る前に二遊間の守備位置を確認した喜多は、投球動作に入ると同時にスタート。捕手が投げられない完璧な盗塁だった。

「川口はフォークとスライダーのピッチャー。ピッチャー心理としてサードにランナーがおると決め球が投げにくい。ショーバンで1点入りますからね。とりあえず、サードまで行っておけば何が起こるかわからんと」

打者の中谷仁は1―2から2球ファウルで粘った後の6球目をライト前へ。優勝を大きく引き寄せる6点目になった。

「これで勝負するときにボールが浮くんです。中谷は浮いた変化球をちょーんとライト前に合わせた。これで決まりです」

もちろん、ブロックサインがダミーではないこともある。だが、その場合でもシンプルだ。

「『今日はブロックサインでいくで』と言っても簡単なんですよ。キーを触っていくつ触るか。どこでもええんですよ。1つやったらバント、2つやったら何……って決まっとるんです。やっていて、ちょっとヤバい（ばれている）と思ったら、キーを変えるんです。もしバッターがわからん場合は、サードコーチャーに出して、サードコーチャーが単発で出す」

甲子園のベンチは隠れるところがない。髙嶋監督の場合は仁王立ちしているため、なおさら相手には見えやすい。それを逆手にとるかのようなシンプルさ。だが、もちろんこうしているのには理由がある。

「複雑だと間違いやすいのもあるけど、一番は変なとこに集中してしまうから。肝心の打つことに集中せなアカンのに、こっちばかり見てるのはよくないんちゃうかなと。プロなんか見とったら、じーっと考えとる選手がおるんですよね。あれ、わかってないんちゃうかなって。変なとこに気を遣うとると思うんです」

ばれないように気を遣う監督は、サインを出すタイミングが早い。触る動作も速い。出塁した打者走者がゆっくりオーバーランをしていると出し終わっていることもある。それでは、打撃に集中できないというのが髙嶋監督の考え方。意識を投手に向けさせ、打者に任せたほうがいい結果は出る。シンプルでも、ばれない方法はある。シンプル・イズ・ベスト。それが髙嶋監督のやり方なのだ。

高嶋 仁のセオリー 62

打てる投手と思えば初回から強攻策

無死で走者が出ると、送って一死二塁にする。おぜん立てだけして、後ろの打者に任せるのが高嶋監督のスタイルだ。特に初回はかなりの確率で送りバントを命じることが多い。

だが、稀に初回の無死一塁で打たせることがある。２００９年夏の札幌第一戦では岩佐戸龍のカウントが２－２となったところで、ストライクエンドランをかけた（三振併殺）。18年センバツの国学院栃木戦では西川晋太郎のカウント２－２からエンドランをしかけた（サードゴロ野選）。まず、送る場面でなぜ打たせたのか。試合後、高嶋監督はこう言っていた。

「どういう対応するか見たかったのでバントを使わなかった。タイミングが合えば1回から点を取ろうと。１４０出るようなピッチャーならしません。スピードがないから」（札幌第一戦）

「あのピッチャーなら打てると思うとった。エンドランのカウントを待っとった」（国学院栃木戦）

札幌第一は左、国学院栃木は右と左右の違いはあるが、共通しているのは140キロ出ない軟投派だということ。要するに、打てる自信があるときは送らないのだ。どんなサインを出すかで、監督の考えがわかる。

ちなみに、無死一塁での髙嶋監督なりの〝法則〟がある。

「二番がバントの構えをする。エバースしてストライクなら100パーセントバントですよ。これがボールになるとエンドランに切り替わりますけど、2球めに打てのサインを出すとホームランを打つ確率がものすごく高い。あくまでも練習試合の結果ですよ。これはランナー二塁のときもいっしょ。バントをやらせにくるんですよ。そのボールが一番打ちやすい」

甲子園で披露することはなかったが、髙嶋監督の経験則。無死一塁での采配に監督の思いが表れる。

高嶋仁のセオリー **63**

伝令はあまり使わない

ピンチでの伝令。監督がマウンドに行けない高校野球では重要視されるが、高嶋監督はそうではなかった。9回までに3度使える（延長に入ってからは1イニングに一度）が、使い切ることは稀。2回使ったときは、自分で「珍しいな」と言っていたほどだ。

「ゲッツー態勢でいけとか、守備隊系はサイン出すじゃないですか。わざわざそれを言いに行く必要はない。どうしてもというとき、ここで一服させなアカンというときに行かせる。使っても1試合に1回ぐらいかな。サードにマウンドに行ってほしいときは、（『行け』のジェスチャーをして）行かせる。1人で行く分はカウントされないですから」

智弁和歌山がまだ甲子園で勝っていなかった1991年夏の学法石川戦では、2対2の5回二死二、三塁のピンチで伝令を出したが、その直後に投手が暴投。それが決勝点になった苦い経験もある。

「あのときは、『一番ええボールで勝負せえ』とか言うたんちゃうかなぁ。その得意のスライダーが見たことないぐらい曲がった。ピッと曲がったのがショートバウンドになって、それをキャッチャーがよう止めんかった。抑えたろうと思ってだいぶ力んどったんかな」

直前の監督のひとことで力んだ可能性もある。甲子園で勝つようになって、余計なことを言わずに選手に任せるスタイルに変わっていった。

ちなみに、時間にうるさい甲子園では、タイムを取ろうとすると審判が認めないことがある。そのときはどうするのか。

「『審判に止められてもダーッと走って行け。アカンと言われるけど、許してくれるから行け』と。そういうのは言ってます」

甲子園を知り尽くしているだけに、押さえるところはしっかりと押さえている。わざわざ何か言いに行かせることは少ないが、間を取ることは必要。それが髙嶋監督の考え方だ。

高嶋 仁のセオリー 64

満塁では投手を代えない

複数投手制を貫く高嶋監督だが、継投に関して決めていることがある。

それは、代えるなら、早めに代えるということだ。

「早め、早めには代えようと思ってます。早めに代えて失敗することもあるけど、遅れて失敗するよりも早めて失敗したほうが悔いは残らんという考え方ですね」

その早めの継投を表しているデータがある。高嶋監督は甲子園で103試合しているが、満塁の状況で投手を交代したことはただの一度もない。

「そら、酷や。なんぼエースでも酷。自分がピッチャーなら満塁から投げるのは嫌ですよ。フォアボール出せんのやもん」

投手心理を考え、少しでも楽な場面で代える。それは徹底している。もうひとつ、高嶋監督らしいのは、捕手の判断、意見を尊重することだ。1997年の夏も、決勝の試合前に継投策について聞かれ、「中谷（仁、捕手）と相談しながらやりたい」と答えている。

2017年夏の和歌山大会決勝・紀央館戦では、こんなこともあった。1点リードして迎えた9回表。一死から先発の左腕・黒原拓未が安打を許したところで捕手の蔵野真隆に意見を求めた。蔵野が両手でバツ印を作ったのを見て交代を決断。3年生右腕の大崎黎をマウンドに送った。だが、これは髙嶋監督の考えとは異なった。髙嶋監督は2年生の速球派・平田龍輝を投げさせるつもりだったからだ。

「僕は平田を準備させとった。コントロールよりも力があるんで、ど真ん中でもそう打たれへんと思った。ところが、キャッチャーが『平田はアカン』と言って、大崎を指名したんです。僕の頭の中にはなかったので、『えー、あいつか』と。でも、キャッチャーがそこまで言うってことは、キャッチャーの目は大崎のほうがええと思うとるんやなと。大崎はコントロールは持っとるしね」

ところが、大崎は1人目の打者から連続安打を浴びて満塁。一打逆転のピンチを招く。それでも髙嶋監督は動かなかった。ここで大崎が投げたのは真ん中のスライダー。快音とともに悲鳴が上がったが、打球はライナーでショートのグラブへ。飛び出した三塁走者もアウトにするダブルプレーとなって智弁和歌山が甲子園出場を決めた。

「あとでピッチャーをほめました。『あの場面でど真ん中に放るのはお前ぐらいや。ええ根性しとる。

バッターはびっくりした分、抜けんかったんや』って（笑）。普通は満塁になったら、『打たれたらアカン』と思ってコーナーにきちっと放る。だいたい、それがボール、ボールになるんですよ」

冷や汗ものではあったが、なにはともあれ、結果的に継投は成功した。

「運ですよ。オレが〝持っとる〟のか、ヤツらが〝持っとる〟かはわからんけど（笑）」

それにしても、いくら捕手が言ったとはいえ、甲子園がかかった土壇場で、自分が考えていない投手を投げさせることに抵抗はなかったのだろうか。連続安打で満塁になったときに、平田への継投は考えなかったのだろうか。

「どっちみち負けたら監督の責任やから。そういうところはわりと割り切ってる。そうやって開き直っとるから、強いんかなと思いますけどね」

早めの継投、捕手の意見を採用、満塁では交代しない。決めたことをやっているから迷わない。腹も据わる。あたふたしないから選手も自信を持ってやる。もちろん、毎回うまくいくわけではないが、〝マイルール〟の徹底が、思い切った継投策を支えていた。

高嶋 仁のセオリー 65

六番に信頼できる打者を置く

智弁和歌山が強いときは六番打者が打つ。

もっとも印象的なのは2000年夏の山野純平。27打数13安打で打率・481。本塁打も3本放って13打点をたたき出している。1997年夏の木戸俊雄も23打数11安打で打率・478。本塁打も1本記録している。18年春に六番を打った黒川史陽は19打数7安打7打点。準々決勝の創成館戦でサヨナラ二塁打を放った。94年春の浜地和哉、02年夏の北野誠之も本塁打を記録している。

「高校野球で一番大事なのはクリーンアップじゃない、六番。三番、四番、五番のクリーンアップはヒットで出るんです。それを返すのは六番しかいない。だから必ず六番にええのを置いとるんです。勝負強い、ホームランを打てる子をね」

六番が打席に立つなかでも、もっとも試合を左右するのは初回の二死満塁だろう。立ち上がりのチャンスで得点できるかどうか。ここで無得点に終わると、相手はホッとして落ち着いてしまう。「2アウトでヒットが3本続いて点が入らんのは、チームにとって最悪。2本続いて一、二塁、一、三塁、二、三塁。ここで六番が打ってくれたら勝てる。大きいんよ」

2アウトからの得点は相手に与えるダメージも大きい。その意味で、六番の働きは重要になる。だから、髙嶋監督は六番にこだわるのだ。別の見方をすれば、六番に好打者を置けるのは打線の層が厚い証拠。だから強いともいえる。

もちろん、いくら六番を重視するからといって、打順を六番から組むわけではない。

「こだわってるのは一番、三番、六番。最初に考えるのはクリーンアップですね。確実性があるのが三番。その次に信用できるのは五番。三番手に六番かな。四番は当たったらホームランを打てる子なら誰でもいい。わりと警戒してくれますから。一番は打てる子。そのうえで一番、二番は走れて選球眼があるといい。1回に一番が出ると三番が勝負。1回に3人で終わると、次は四番から始まる。四番か五番のどっちかが出て六番が勝負になるという考え」

先攻を取り、先制して守るのが勝ちパターンだけに、立ち上がりに点を取りたい。そのために打順を組んでいる。下位に関しては「あてにしていない」と言うが、18年に八番を打った東妻純平のように「クリーンアップだと警戒されて打てやんけど、マークされなければ打つ」という理由で、ある程度の打力がありながら下位に置くケースもある。ちなみに、足があっても選球眼が悪い場合は九番に

表3　智弁和歌山の春夏通算打順別打撃成績

打順	打数	安打	打点	三振	四死球	犠打	本塁打	打率	出塁率
一	396	121	45	65	55	17	4	.306	.390
二	347	117	38	51	41	59	2	.337	.407
三	374	119	75	59	60	8	11	.318	.412
四	393	123	85	63	39	6	14	.313	.375
五	352	111	58	52	48	26	4	.315	.398
六	335	105	54	70	56	29	6	.313	.412
七	317	103	41	58	32	27	6	.325	.387
八	287	78	39	47	46	30	0	.272	.372
九	248	62	18	54	17	35	0	.250	.298

することが多い。

智弁和歌山の打順別成績を見ると（**表3**）、三番、四番の本塁打と打点の多さが目立つが、六番も三番と並ぶ出塁率を記録。本塁打も五番を上回っている。打率がもっとも高いのは二番。出塁率も４割を超え、クリーンアップの前にチャンスを作っていることがわかる。〝強打の智弁〟のイメージがあるが、八番と九番は打率が・２８０を切り、本塁打もゼロ。「あてにしない」という高嶋監督の言葉通りの数字になっている。だが、七番は打順別２位の打率を記録。八番は決勝戦での活躍が光り、94年センバツ・常総学院戦の藤田久嗣、97年夏・平安戦の中山貴文、00年夏・東海大浦安戦の青山祐也の３人が決勝打を放った。

クリーンアップを警戒した後の六番。３割以上打てる打者が並んだ後の八番。この打者が打つときは、智弁和歌山は強いのだ。

髙嶋 仁のセオリー 66

守れる選手を打てるようにする

上宮・元木大介（元巨人）、ＰＬ学園・福留孝介（現阪神）ら甲子園を沸かせた選手は四番・ショート。三番・ショートもＰＬ学園・立浪和義（元中日）、履正社・山田哲人（現東京ヤクルト）ら数多い。中には守備力に疑問符がつきながら無理やりにでもショートを守らせるケースもあり、ショートをチームの看板選手にしたい監督は多い。ところが、智弁和歌山にはそんな選手はほぼいない。四番・ショートは１９９７年夏に優勝したときの清水昭秀だけ。クリーンアップに広げても２００３年に三番を打った上野正義がいるだけだ。

サードも同じ。かつては長嶋茂雄に代表されるように四番・サードは花形だった。髙嶋監督もそれにあこがれた世代だが、智弁和歌山では数少ない。99年夏の佐々木勇喜と89年夏の上出剛一の２人だけだ。この他に三番を打った林晃汰がいるが、強打者は少ない。

表4　智弁和歌山の春夏通算ポジション別打撃成績

ポジション	打数	安打	打点	三振	四死球	犠打	本塁打	打率	出塁率
投	248	68	28	58	27	33	3	.274	.345
捕	356	119	74	52	43	25	8	.334	.406
一	361	110	59	61	46	15	10	.305	.383
二	334	103	43	49	51	46	2	.308	.400
三	344	98	57	67	49	20	5	.285	.374
遊	350	104	43	63	49	30	4	.297	.383
左	335	111	39	48	44	27	3	.331	.409
中	368	113	50	65	43	19	6	.307	.380
右	354	113	60	56	41	22	6	.319	.390

ポジション別の打率（**表4**）を見ると投手以外で打率が3割を切っているのは、この2ポジションだけ。なぜ、そうなったのか。ここに髙嶋監督の気持ちが表れている。

「考え方の中に、やっぱり守らな勝てんというのがありますからね。バッティングは数を打たせたら勝手に上がってくるんですよ。ウチなんか、ええピッチャーがいないんで、どうしても打たな勝てん。それは監督よりも選手がようわかっとる。『甲子園行くためには点取らな勝てん』という気持ちがあるんで上がるんですよ」

その代表格がセオリー3でも紹介した上野正義。中学まで守備の選手で2年時は八番だったが、3年では三番を打つまでになった。

「人数が少ないんで1日300打とうと思ったら打てるんですよ。6か所で1時間やればなんぼでも打てる。結果的にそれで打つほうが上がってきてる。ほっといても上がるんです。でも、守備というのは、ある程度きちっと守れる、きちっと投げれるようにつくってやらんといけない。誰でも彼でもというのはできないんです」

守備優先で守れる選手をレギュラーにして、その選手の打撃を鍛えるというのが髙嶋監督のやり方。それがオーダーにも表れている。ちなみに捕手で中軸を打つ選手が多いのは偶然だという。

「バッテリーを中心にしたいという思いはありますけど、たまたま。いいキャッチャーって、中学のときから打てるんですよ」

センバツ初優勝の井口直也、夏初優勝の中谷仁、夏2度目の優勝の後藤仁、02年夏準優勝の岡崎祥昊、06年夏4強の橋本良平ら捕手で中軸を打つ選手が活躍すると上位に進出することが多い。捕手がどっしりと構えると守備が安定し、チームに安心感が生まれる。そのうえで打撃でも貢献するとチームが乗っていくということだろう。

強打で打ち勝つ印象ばかりが強いが、実は守り重視。髙嶋監督の言う〝守りのチーム〟の意味はこんなところにも表れている。

高嶋 仁のセオリー 67

ピッチャーの打力アップを怠らない

11打数7安打3打点1本塁打、打率・636。

智弁和歌山が甲子園初勝利を挙げた1993年夏の投手陣の打撃成績だ。特筆すべきは、この数字が有木鎮嗣（6打数4安打2打点1本塁打）、松野真人（2打数2安打1打点）、楠公智（3打数1安打）と3人の投手の合計だということ。1人の投手ならその選手がたまたま打撃がよかったといえるが、そうではないところに髙嶋監督の意図が見える。

「ちょっと打てる子は（練習でも）どんどん打たせる。ピッチャーも同じように打たせます」

智弁和歌山は複数ポジション制。山野純平、本田将章、広井亮介ら野手兼任で打撃のよい選手は多いが、それ以外にも、投手専任で打撃がよい選手も多い。3試合以上登板し、投手以外のポジションで先発していない選手を見ると、98年夏の児玉生弥が打率・375（8打数3安打3打点）、

2000年の中家聖人が春夏通算打率・389（春7打数3安打1打点、夏11打数4安打2打点）、08年の岡田俊哉が春夏通算打率・421（春8打数3安打、夏11打数5安打2打点）と打棒を発揮している。**表4**（210ページ）の通り、投手の打撃成績を見ると打率・274をマークしている。ポジション別では最低だが、ひどくはない数字だ。

近年の投手は投手のトレーニングに専念して打撃練習をほとんどやらないチームもあるが、髙嶋監督はそうではない。他校に比べて投手の打撃練習が多いことが、打力アップにつながっているといえる。

「（相手の）ピッチャーに打力がないと楽ですよ。まぁ、そういう子に打たれると頭に来るんやけど（笑）」

九番・投手なら相手は無警戒になりやすい。そこで、簡単にアウトをあげてしまうのか。打つ準備をしておくのか。アウトを簡単にあげてしまって勝てるほど甲子園は甘くない。投手が打てば投手自身の気分が乗り、投球に好影響を与える。投打に奮闘している投手を見れば、野手陣も奮起する。投手の打力を捨てる理由は何もないのだ。投手にも数多く打たせ、打力アップを怠らない。目立たないが、これもまた髙嶋監督流の勝つための準備なのだ。

高嶋 仁のセオリー 68

打順はほとんど変更しない

監督は余計なことをしたらアカン。これが、髙嶋監督のポリシーだ。

それは、毎試合のオーダーにも表れる。基本的には、ほとんど打順の変更はない。野手背番号の選手が投手として先発するときも、打順は変更せず、それまで投手が入っていたところに控えの野手を起用するのがパターンだ。相手投手の左右による変更もない。

「調子がむちゃくちゃ悪ければ変えたほうがええと思う。まぁまぁいけると思えば変えません。もちろん、練習を見とって『これはかわいそうやな』と思えば変えますけどね。勝ってるときはそのままのことが多い。ピッチャーの右左は関係ありません。ウチの左は左を苦にしませんから」

1996年のセンバツでは五番・上林公司が準決勝まで無安打とブレーキになっていたが、最後まで五番・ファーストで使い続けた。「代えるヤツがおらんかった」と笑うが、上林はキャプテン。使い続けることで「お前が必要や」というメッセージを伝えているようにも見えた。

「頑固なんよ（笑）。こうと決めたら動かない。負けたら監督が悪いと思ってますから。選手にも言うんよ。『負けたら監督が責任取るんやから、いけ』って（笑）」

そんな髙嶋監督が動くと不思議と当たることが多い。96年のセンバツでは、上林は動かさなかったものの、準々決勝から八番の黒川芳男と七番の中山貴文を入れ替え。すると、それまで2試合無安打だった中山が準々決勝、準決勝で2試合連続タイムリーを打つ活躍。特に準決勝の高陽東戦は貴重な決勝打だった。黒川も準々決勝で1安打、準決勝で2安打を放っている。

98年夏は1回戦で五番を打っていたライトの井上和久に代え、久米圭吾を一番に起用。それにともない、一番だった福地亮介が二番、二番だった鵜瀬亮一が六番に変更になったが、以降の2試合は福地が7打数5安打、鵜瀬も5打数3安打と大当たりだった。2002年夏は2回戦で七番・レフトを初戦の山崎宏員から馬場優司に変更。馬場はタイムリーとスクイズで2打点を挙げた。06年夏も初戦で八番・レフトの田村昇大に代え、2回戦から撫養尚希を起用。すると撫養は4打数2安打1打点の活躍だった。

「たまたまですよ。練習を見てよかったんでしょう」

普段は変えないからこそ、変えることがメッセージになる。普段から練習をしっかり見ているからこそ、変えたときに起用が当たる。髙嶋監督の普段からの観察、準備。それがオーダーに表れている。

第5章

リーダーの姿勢

高嶋 仁のセオリー 69

選手を怒らないために仁王立ちする

ベンチの中央に立って仁王立ち――。

甲子園では、すっかりおなじみになった髙嶋監督のスタイルだ。対戦する相手校の監督は仁王立ちする髙嶋監督を見て甲子園に来たことを実感するという〝甲子園名物〟。実はこのスタイルは、甲子園のときに限定される。

「和歌山では隅のほうで座ってます。できるだけ、テレビに映らんように（笑）。目立つことはいらんというのもあるし、みんな一生懸命（サインを）盗もうとするやないですか」

仁王立ちが始まったのは、1993年の夏。智弁和歌山を率いて6回目の甲子園のときだった。85年センバツの初出場以来、前年の92年夏まで甲子園で5連敗。「このままではいけない。何かを変えなければ」と思ったのがきっかけだった。

甲子園名物といわれた“不動”の仁王立ち

「5回続けて負けたでしょ。座ってたんです。監督は目立ったらアカンと思っとったんですよ。もともとが気が弱いもんで（笑）。勝てんから、『これやったらアカン。オレが一番目立ったる』と思って立ったんですよ。そしたら、勝ったんです。ひとつ勝ったら、ふたつめも立たなアカン。それから、座れんようになった（笑）」

5連敗していたのが、仁王立ちをした途端、2勝してベスト16。さらに翌春のセンバツでは優勝と劇的に変わった。いわば、ゲン担ぎで始まり、続いたのだ。

仁王立ちをするにあたり、髙嶋監督が意識していたことがある。ひとつは、〝不動〟であること。きっかけは、初優勝した1994年センバツ準々決勝の宇和島東戦だった。率いるのは、上甲正典監督。88年に初出場初優勝を果たすなど実績十分の指揮官だ。その試合で智弁和歌山は4点リードされた9回表に5点を奪って逆転、その裏に追いつかれるも延長で勝利する驚異の粘りを見せたが、そのときの相手ベンチの光景が髙嶋監督の目に焼きついている。

「上甲さんを見とったら、ベンチでクマみたいにウロウロしとるんですね。焦っとるんです。あー、やっぱり、上甲さんでもああなるんやなと。ピンチでも、負けとっても、何であっても、オレは絶対動かんとこうと」

どんなときも、選手たちは監督の姿を見ている。不安そうな態度や表情は選手に伝わり、それがプレーにも影響する。だから、意識して動かない。どっしりと構え、いつも通りの姿勢を見せることで

「安心せえ。大丈夫や」と選手たちにメッセージを贈るのだ。

もうひとつは、試合中に怒らないこと。これは、初めから意識したことではなく、仁王立ちしたことによる副産物として生まれたことだ。

「あそこにいたら、怒られへん。ベンチに座っとったら、やっぱりグチを言うじゃないですか。『お前なぁ、何やっとんや。それだけはやめとけ言うたやろ』とかね。座ってたとき？　そら、言うてますよ。黙っとられへんもん（笑）。あそこにいたら言われへん。テレビがアップで来るから、知らん顔しとかな。だから、選手はわりとのびのびやっとんのかなと思うんですけどね」

何度も甲子園を経験するうち、テレビが監督を映す場面はだいたい把握できるようになった。アップで来るのを察知して、意識して動く。

「それ、任しといて（笑）。何回も行っとったら、だいたいわかる。エラーとかしたら、『来たな』とよそ見する。変な動きしたら、画面をパッと切り替えるんやな。だから、変な動きしたらアカンと思ってました。ホームラン打っても、エラーしても、変わってないほうがいいわけ。尾藤スマイル？　あんなこと、ようしない。作り笑いなんかできませんよ。エラーしたらアップが来るのわかっとるから、ああしとるだけ。気持ちの中では、『ボケ、コラ、走らすぞ』と思ってます（笑）」

意識して動かないことを意識したことで、こんなことを言われたことがある。

「優勝したとき、小学生が『智弁の監督はすごい。サイン出さんと優勝した』と。アップで来たときはサインを出してない。もう引いたなと思ったらパッと出しとるんです」

そこまで言えるのは髙嶋監督ぐらいだろう。それだけベンチで余裕があるから、結果もついてきたといえる。自分のチームの選手にはもちろん、相手にも、メディアや観客にも見られることがわかっている以上、そこでの立ち振る舞いも意識する。

「センバツはええんです。腕も組めますから。でも、夏はね。ひじからポタポタ汗がたれる。腕を組むとわきの下が汗でびっしょりになる。チェンジになったら水を飲んで、汗をふいて……。大変ですよ(笑)」

それでもやり続けたのは、やる意味があるから。仁王立ちで確立した〝不動〟のスタイル。それが髙嶋監督の強さでもあった。

髙嶋　仁のセオリー **70**

雨でもベンチ前で仁王立ちする

2010年のセンバツ1回戦・高岡商との試合は、強い雨の中行われた。雨粒は目視できるほどで、点灯された内野の照明が内野にできた水たまりに反射するような状態。最高気温9・3度の寒さだったが、髙嶋監督はいつものようにベンチ前での仁王立ちを崩さなかった。

「選手は雨の中、ぬれてやっとんのに、監督だけ屋根の下に隠れるのはアカンでしょう。やっぱり、選手がぬれとったら、監督もいっしょにぬれたらいいんですよ。（スリーアウトで）選手がベンチに帰ってきたときはいっしょに（ベンチの中に）入ってもええけど、やっとる以上はいっしょにせんとね」

野球は、選手と監督が同じユニホームを着る数少ないスポーツ。だからこそ、監督が選手といっしょに戦う姿勢を見せる必要がある。髙嶋監督はグラウンドコートも着なかった。

「選手が寒い中やっとんのに、着れんでしょう。試合中は暑い寒いは感じない。そう言いながら、中に着とんのやけど（笑）。それより、選手の手が滑ったりせんか心配ですよ」

いつもベンチ前にいる監督がいなければ選手たちは「あれっ」と思うかもしれない。寒いから、ぬれるからといって、わざわざそんな状態をつくる必要はない。

「高校野球は結びつき。選手の気持ちがわかる。監督の気持ちも選手がわかってくれる」

どんな状況でも、選手と同じ立場に立って、いつも通りにする。その姿が選手との一体感を生み出すのだ。

高嶋 仁のセオリー 71

自分が体験した感動を選手たちにも味わわせるためにやる

「それは、アカン」

そう言って髙嶋監督に断られたことがある。２００８年のセンバツでのこと。渡すものがあって開会式の前に喫茶店で会ったのだが、「この後、開会式いっしょに観ていいですか」とお願いしたところ、冒頭の言葉が返ってきたのだ。

それ以前に、髙嶋監督から「開会式で入場行進を観ると目が潤む」と聞いていた。本当にそうなのか確かめたかったのだが、「一人で観ると決めている」と言われて、逆に想いの強さを感じた。いつになっても、髙嶋監督にとっては特別な甲子園の開会式。それは、長崎・海星の2年生として踏んだ１９６３年夏の甲子園の経験があるからだ。監督として38回甲子園に出場した今でも、忘れられないのだという。

「鮮明に覚えてます。球場は大きいし、お客さんはいっぱいいる。こんな素晴らしいんかって。足が震えるような感動とは、こういうことをいうのかと」

あの体験をしたとき、髙嶋監督は自分の将来を決めた。

「この想いを野球の後輩にも味わってほしい。今度は自分が監督として指導して、この感動を選手に味わわせてやりたい」

これが、髙嶋監督の原点であり、指導者を志すきっかけ。厳しい練習もすべて「甲子園の土を踏ませてやりたい」という強い気持ちがあるからなのだ。

高嶋 仁のセオリー 72

苦労を苦労とは思わない。プラスに考える

「あれがあるから今があるんですよ」

高嶋監督がそう言うのが、長崎・海星を卒業した翌年の1年間だ。「将来は指導者として甲子園に行く」という目標を立てた高嶋監督だったが、当時は誰もが大学に進学できる時代ではなかった。長崎でも五島列島出身の高嶋監督。高校進学の際、長崎市にある海星に行くだけでも親に負担をかけていた。

「僕のときはほとんど就職。大学に行くのはよっぽど金持ちだけですよ。だから、大学に行きたい気持ちが芽生えても親にはよう言わんかった。ウチは大学に行くような家庭とちゃうし、高校でも島から出してもうて相当金使うてますからね。おふくろは働いてないし、親父の給料でやれるわけがない。それを強引に頼んだんです。1年間バイトしてお金を貯めた。おふくろも『自分も働く。何とか仕送

りしたる』ということで、バイトするのを条件に大学に行けるようになった」

大学に入学後も時間さえあればアルバイトに励んだ。入学後に長崎へ帰ったのは祖母が亡くなったときと教育実習の2回だけ。時間を見つけて大学野球の全国大会を観に行く以外、休みはほぼアルバイトだった。

「外国貨物船の船底の荷物運びで、初任給が3万から3万3000円の時分に1か月で30万働いた。その30万で道具から何からやりました」

これだけでも並大抵のことではないが、これで終わらないのが髙嶋監督。普通、これだけアルバイトに時間を取られていれば、それを理由に野球は手を抜いてもおかしくない。凡人ならば、「単位だけは取って、教員免許が取れればいい」と考えるところだろう。だが、髙嶋監督に妥協の2文字はなかった。選手としてもレギュラーになるために全力を注いだ。入学前の3月の合宿では、他の選手たちが寝ている夜中に素振りに励んだ。

「このときを逃したら永久にレギュラーを獲れんと思ってね。日体大はそんなにレベルが高くなかった。ここでレギュラーになれんかったら終わりやと思った」

すると、紅白戦で7打数7安打の活躍。オープン戦でも結果を残し、1年春のリーグ戦で三番・センターでデビューを果たした。当時は先輩、後輩の関係が厳しくしごきのある時代。1年生で試合に出れば〝標的〟にされたが、髙嶋監督は耐え抜いた。

「大学に入ってもずっとバイトじゃないですか。そういうのって、やっぱり活きてきますよ。上級生から『正座せえ』とかあるじゃないですか。1年生のとき、『お前ら、こんなことしかようせえへんのか。お前らに負けるはずないやろ』って思ってましたもん」

4年時にはキャプテンも務めた髙嶋監督。最後まで、手を抜かなかった。

「夏なんか合宿があるんですね。2週間あるんですよ。最初の1週間はやっぱりダメ。バイトばっかりで練習してないから。後半になってぐーっと上がるのね。周りが寝とる間にバットを振って上がってくる。やっぱり、練習してないから、それを取り返さなアカンので。大変？　そんなことない。気持ち的にそれが当たり前やと思うてるから、別に苦労とかそんなの思うてない」

ライバルが休んでいる間に練習すれば、差があっても逆転することができる。どんなに大変でも言い訳も妥協もしない。やれることをとことんやる。やればやるだけ必ず自分自身に返ってくる。それを実感したのが、浪人から大学までの5年間だった。

「浪人せんと、そのまま行っとったら、たぶん甲子園で優勝してないと思います。『くそーっ』と思う気持ちがあるから」

ハングリー精神こそ、髙嶋監督の強さの原点なのだ。

選手に想いを伝える

甲子園68勝が、0勝だったかもしれない。

髙嶋監督は、監督をやめて長崎に帰ろうと思ったことがある。それは、智弁学園の監督に就任して4年目。夏の大会が終わり、新チームになったときのことだった。

グラウンドに行くと、選手がいない。ボイコットだった。

「はっきりとは覚えてないんやけど、弱いチームと練習試合をして1点取られたんよ。その1点が気に入らんから、帰ってからランニング。何本走れとは言うてない。だから3時間ぐらい走っとったらしい。『こんなんやったら、やってられん』といってキャプテン筆頭に全員がおらんようになった」

もちろん、このランニングだけが原因ではない。髙嶋監督の練習はとにかく激しかった。

「甲子園に行くためには、天理、郡山、御所工がおるわけよ。天理いうたら、プロに行くようなヤツが何人もおるわけ。そいつらに勝とう思うたら、天理が2時間練習ならウチは4時間、4時間なら8時間。倍やっとるわけ。プロに行くヤツが3人も4人もおるところにレベルの低いヤツらで勝とう思うたら、腹筋とか背筋とかランニングとか量が違うわけよ。キャッチボールいうたら、1日中、10時間。オレは人間の体は壊れんと思っとったから（笑）。キャッチボールは5時間過ぎたら、選手が暴投放るんよ。何でかいうたら、暴投したらその分（ボールを取りに行く間）休めるやん。だから、やたら暴投放る（笑）めちゃくちゃな練習しとった」

寮では深夜に素振りの特訓をした。自室に一人ずつ呼び、納得のいくまで振らせる。選手たちは廊下で居眠りしながら順番を待った。素振りが終わったら朝の5時だったこともある。「なんで、ここまでやらなアカンねん」。理由も監督の想いも知らない選手たちが根を上げるのは当然だった。

髙嶋監督も髙嶋監督で選手たちの気持ちがわからない。「監督を4年やって、甲子園に行けんからちょうどええわ。長崎に帰ろう」とやめる決意をした。そんなときだ。部長からこう言われた。

「やめんのはええけど、あんたの想いだけは話してからやめたらどうや」

選手を集めて、話をする場を設けてくれた。そこで、髙嶋監督は思いの丈をぶつけた。

「オレは自分が甲子園に出て感動した。お前らにも、あの感動を味わってほしい。絶対甲子園に連れてったるという気持ちでやってきたんや。苦しい練習を課しとるのはわかっとる。でも、天理のプロに行くヤツらに勝とうと思うたら、これぐらいやらなアカンのや」

そうか、そういう想いで監督はやっていたのか。初めて髙嶋監督の口から想いを聞き、選手たちは変わった。

「わかりました。監督についていきます」

このチームが直後の秋の大会で快進撃。近畿大会でベスト8入りし、翌春のセンバツに出場することになる。

「今思うたら、ありがたいっていうか、感謝やな。あれがなかったら、そのままやめとると思う。甲子園初出場のときは、テレビが映しとるのなんか関係なしに、ボロボロ泣いてましたね。自分が歩いたときの感動よりも、もうひとつ感動した。『あー、野球やめんでよかったなぁ』っていう思いですよね」

この経験から学んだのは、監督は選手の、選手は監督の気持ちをわからなければいけないということ。コミュニケーションの大切さだった。

「一方通行の指導だったと反省しました。選手の気持ちなんかどうでもええから、こっちが一方的にやっとった。あのボイコットがあって、僕も選手の気持ちがわかりましたし、選手も監督の気持ちがわかった。あそこからうまく回転しだしたと思います。指導者としての〝いろは〟を選手に教えてもらいましたね」

どんなに想いがあっても、言葉にしなければ伝わらないことは多々ある。大事なことは口にする。

伝える努力をする。「言わなくてもわかるだろう」というのでは、指導者は務まらない。この経験が、本当の意味での髙嶋監督のスタートだった。

髙嶋 仁のセオリー 74

勝ちにこだわる

勝利への執念は人一倍。それが、髙嶋監督だ。

普段から「勝たなアカン。勝つためにやっとるんやから」とくり返し口に出す。なぜ、勝ちにこだわる姿勢を見せるのか。それは、負ける悔しさを知っているからだ。

髙嶋監督にとって忘れられないのは1994年センバツのこと。練習会場で宇和島東と前後したときだった。宇和島東は88年センバツで初出場初優勝。この大会でも優勝候補に挙げられていた。一方の智弁和歌山は甲子園初出場から5連敗。前年夏にようやく初勝利を挙げたばかりだった。

「宇和島東の練習のときは、報道陣が50人ぐらいおるんです。テレビカメラがだーっと並んでいて、すごいなと。それが、宇和島東が終わった途端、誰もおらへん。ウチが練習するのに。これは何や、こない違うんかと。やっぱり強くなかったらアカン。あのときは、やっぱり甲子園で勝たなアカンとつくづく思いました」

甲子園で勝てるようになった後も苦い経験をした。それは、決勝戦の後。負けて準優勝に終わると、報道陣の数ががくっと減るのだ。

「負けた途端、報道陣が来ぇへん。前の日は100人から来るのに。あれは教育の一環じゃない。勝負の厳しさを味わう瞬間。甲子園で負けたというても、全国で2位や。地方で負けたら甲子園に出られへんけど。でも、世間はそんなんよ。そんな経験をすれば、『今度決勝に行ったら、絶対負けんとこう』って思う。やっぱり、負けなアカンのや。負けるからカーって燃えてくる。それでまた選手に当たるわけや。『アホんだらー』って（笑）」

有名校、優勝候補との扱いの格差を知り、たった1勝で天国と地獄ほどの差があることを知る。1日前まで大騒ぎして寄ってきた大人が、一度負けただけでサーっといなくなる。その悔しさ、厳しさを痛感しているからこそ、勝ちにこだわるのだ。負けて得るものも多いが、勝たなければ得られないものもある。勝利への執念こそ、髙嶋監督が72歳まで指揮を執る原動力だった。

髙嶋 仁のセオリー **75**

弱いときに助けてくれた恩義は忘れない

あらゆるスポーツの中でも使用する道具の多い野球。スポーツメーカーとは切っても切れない関係がある。中にはユニホームはD社、バットはM社……など道具ごとに異なるメーカーを使う学校もあるが、多くの強豪校は道具一式を同一メーカーでそろえている。智弁和歌山が使用するのはSSKだ。

なぜ、SSKなのか。それには、理由がある。1980年に智弁学園から智弁和歌山に移ってきた髙嶋監督。監督就任にあたり、新しいユニホームを作ることになった。できたばかりの学校で、公式戦で勝ったこともない弱小野球部。使える予算はほとんどない。そんなとき、「ウチが面倒をみます」と助けてくれたのがSSKだった。

「(メーカーとの間に入る)スポーツ店の人からその話を聞いて、何があってもオレはSSKにすると決めた。和歌山に行ってすぐ。キャッチボールもまともにできんようなチームで、ホンマに弱いんやから。弱いとき、どんなチームになるかわからんときに助けてくれたメーカーだけは忘れんとこうと」

ところが、97年の夏。甲子園入りした後の練習会場で、髙嶋監督は目を丸くする。ほとんどの選手が、別のメーカーのグローブを使っていたからだ。

「それ、どないしたんや?」

「もらいました」

94年のセンバツで優勝し、96年のセンバツも準優勝。前年に準優勝したチームのレギュラーが6人残り、優勝候補の智弁和歌山なら宣伝効果が期待できる。それがメーカー側の思惑だ。だが、髙嶋監督はまったく話を聞いていない。監督の知らないところでメーカーが選手に渡していた。

その夜のミーティング。髙嶋監督は選手たちに「なぜ、SSKを使うことにこだわるのか」の理由、いきさつを話した。

「一番弱いときに面倒を見てくれたんはSSKなんや。オレは古い人間かもしらんけど、これだけは恩義を感じとるんや。だからSSKじゃないとアカン!」

さらに、最後にこうつけ加えた。

「SSK以外のグローブを使ってもいい。その代わり、使うてるヤツは2度と使わん! 絶対試合には出さん! 他のメーカーのグローブを使うなら、ワッペンをSSKにするなら許したる」

そのミーティングが終わったのは夜の8時すぎだったが、選手たちはすぐに家に電話。ＳＳＫのグローブを持ってきてもらうよう頼んだ。その話を聞いたＳＳＫの担当者でＯＢの中山雅文はあわてて会社に戻り、眠っているグローブに型をつけ、翌日の練習に届けた。大事な甲子園での試合を前に大騒動になった。

「強くなってから来る人間は信用できやんのよ。僕はＳＳＫに助けてもらったというのがある。それは腹立っとんのやけどね」ＳＳＫに世話になっとるのに、プロに入ったらパッと変えるヤツがおる。それは腹立っとんのやけどね」

強くなると周りからの扱いが変わる。人も寄ってくる。その結果、態度が大きくなり、言動が変わってしまう人がいる。だが、髙嶋監督は対極。ちやほやする周りとは反対に、弱いときから応援してくれた人を大事にする。どんなに実績を残しても、変わらない髙嶋監督がいたからこそ、周りも応援し続けてくれるのだ。

髙嶋　仁のセオリー76

雑用は監督自らやる

「ウチは多目的広場ですから」

髙嶋監督が自嘲気味にそう言っていたのが、智弁和歌山のグラウンドだ。強豪校には似つかわしくなく野球部専用ではない。体育の授業や体育祭で使うのはもちろん、学校行事があるときは来校者の駐車場になる。強豪校なら当たり前の監督室もなく、ベンチは滑車がついた移動式だ。特別な施設はなくても全国で勝てるチームにできる。それを髙嶋監督は証明してきた。

毎日の練習前。選手たちよりも早くグラウンドに来た髙嶋監督が始めるのが、グラウンド整備だ。駐車場として使われた後は念入りにグラウンドにできたデコボコをならす。整備が終われば、水をまく。選手たちがケガをしないよう丁寧に行っていた。なぜ、監督自らがやるのか。理由は明快だった。

「選手にやらせとったら時間あれへん。その時間がもったいない。選手が代わりますと言ってきたら、

選手の動きをじっと見る髙嶋監督。グラウンドは野球部専用ではないが、勝てるチームはここでつくられた

『邪魔や。そんな時間があったら、ランニングせえ。1本でも多くバット振れ』って言いますよ。選手は練習に来とるんやから、練習ささんとね。まぁ、選手は監督のことをよう見てますから。『監督がこんだけやっとんのやから、やらなしゃあないな』と思ってくれたらええんです」

選手たちがバッティング練習をしている間、座り込んで破れたネットを修繕していることも珍しくなかった。いつでも選手は練習に専念させ、監督が雑用を引き受ける。選手が野球をする時間を1分でも長くするために、できることはやる。これが髙嶋監督のスタイルだ。

高嶋仁のセオリー 77

ネット裏で試合を観る

春夏の甲子園はもちろん、秋の明治神宮大会にもネット裏に必ず髙嶋監督の姿がある。２０１６年のセンバツ決勝は、自分のチームの練習試合が終わってから、車を飛ばして試合途中の甲子園にかけつけた。14年秋には東海大会が行われている四日市霞ヶ浦球場で会ってびっくりしたこともある。なぜ、わざわざ足を運ぶのか。

「スカウト連中に訊いて、『今年はあいつがトップやで』というピッチャーが出てきたら、必ず観に行っとるんです。トップのゲームを観たら、だいたいウチがこんなもんやっていうのがわかる。細かい部分はテレビのほうがわかることもあるけど、やっぱり、生のほうがわかるしね。用事がない限りは、甲子園のネット裏で観るようにしてます。よその監督に比べたら、圧倒的に多いんちゃうかな。それが直接プラスになるとか、そんなんじゃなしに、やっぱり僕自身が勉強せんと、と思っとるんやけどね」

言葉通り、14年の東海大会はその年のナンバーワン投手・県岐阜商の髙橋純平がお目当てだった。だが、このときはナンバーワン投手を観るだけが目的ではなかった。実は、2週間後に県岐阜商と招待試合で対戦することが決まっていたのだ。練習試合とはいえ、相手を視察する。勝負への執念が人一倍の髙嶋監督らしい行動だ。ただ、これも髙嶋監督にとっては珍しいことではない。

「6月に明徳（義塾）と練習試合があるから、春の四国大会を全部観に行ったこともあるよ」

観戦時にはビデオを撮ったり、スコアやメモを書いたりしないのが髙嶋監督。その中で、どんな情報をインプットするのか。

「データがどうのこうの言うけど、参考にはするけど、あまり気にせんほうですね。観るのは、バッターでは、コースを打てるかどうか。真ん中は誰でも打つんです。2002年に帝京とやったときも観に行った。ばっかん、ばっかん、ものの見事に打つんやけど、じーっとネット裏で観とったら、やっぱり真ん中周辺しか打ってない。例えば、インコースにビシッと来た球とかね、そういうボールはほとんど打ってないわけよ。それを観たときに、『これは勝てる』と思った。田林（正行、当時のエース）はスピードはないけど、両サイドのコントロールは持っとる。まぁ、取られても1点か2点やなと。表面のバッティング、ガーンと飛ぶとかにとらわれず、『ウチのピッチャーやったらどうかな』と考えながら観る。そういうのは大事にしてます」

その試合は髙嶋監督の見立て通り、田林が帝京打線を3安打に抑えて6対1で勝利した。

もうひとつ、観るポイントに置いているのが監督の采配だ。

「ここの監督はこういう傾向があるというのは観ます。しかけが早いとか、スクイズは絶対1球めか2球めに来るぞとか。若い子はやっぱりエンドランが多いなとか、年寄りはやっぱりきちっと送るなとか。監督の年代によってこういう傾向があるんかというのは参考になりますね。あとは、『オレやったらここで走らすけど、バントで来た』とか、自分が相手ベンチの中に入っとったらどうするかと考えながら観ることが多いですね」

これ以外に気にするのは、捕手。肩の強さを観る人が多いが、髙嶋監督が重視するのはコントロールだ。どんなに肩がよくても、ストライクが行かなければアウトにはならない。

「中谷（仁）は肩もよかったけど、コントロールもよかった。1試合でイニング間に9回放ったら、9回ともストライク。それを沖縄水産の栽監督（弘義、当時）は観とった。ウチとの試合で『このキャッチャーは走れない』と1個も盗塁せんかったから。観とる人は観とんねんなぁと思った」

細かいデータ分析よりも、自分自身で大事にしているポイントを観る。それに加えて、生でしかわからない雰囲気などを感じ取る。それが、髙嶋監督流の観戦術だ。

「ネット裏にいたら、応援でスタンドの雰囲気が変わるのがすぐわかる。どっちも対戦したけど、都立と沖縄の応援はすごい。嫌ですよ。あれはホンマの魔物や。それに、よそのチームのことも、第三者として観るとようわかるんですよ」

情報が簡単に手に入る時代にもかかわらず、生で観戦することを大事にする髙嶋監督。足を運び、自分の目で観た数の多さが財産。それが髙嶋監督の血となり、肉になっている。

高嶋 仁のセオリー 78

気になったら解決する

2007年夏の甲子園。3回戦の日南学園対常葉菊川のネット裏に髙嶋監督の姿があった。この大会は智弁和歌山も出場していたが、1回戦で仙台育英に敗退。ほぼ欠かさず観戦する決勝でもないのに、なぜ観に来たのか。

「今年の日南学園は強い。優勝してもおかしくない。観とかなアカンなと」

試合は3点リードされた常葉菊川が8回裏に代打3ラン本塁打で追いつき、10回裏に勝ち越してサヨナラ勝ち。髙嶋監督は、8回裏に本塁打を打たれた日南学園バッテリーの配球に疑問が残った。

「変化球を放れば三振なのに、まっすぐでいってホームランを打たれた」

普通ならこれで終わるところだが、そうではないのが髙嶋監督。

「甲子園から帰ってきてもずーっともやもやして、どうも納得いかんのや。しゃあないから日南まで行ったった（笑）」

旧知の仲だった日南学園の小川茂仁監督（当時）に「バッテリーに会わせてくれ」と電話をして宮崎まで訪ねていったのだ。そこで、投手の有馬翔（元東北楽天）に「なぜ、あそこでまっすぐだったのか？」と疑問をぶつけた。

「『まっすぐに自信ありました』って。全然納得できん。変化球放っとったら三振やったんやから。まぁ、向こうは『人のことほっといてくれ。何で智弁の監督が会いに来んねん』って顔しとったけど（笑）」

電話でも済みそうなことだが、直接聞くのが髙嶋監督の性分。わざわざ足を運び、一対一で話をすることでしかわからないことがある。その積み重ねが、髙嶋監督をつくっている。

高嶋 仁のセオリー 79

海外旅行でリフレッシュする

毎年の年末年始。高嶋監督が楽しみにしていたことがある。それは、紀久子夫人との海外旅行だ。智弁和歌山は例年、年末年始の5日間練習を休む。その5日間に前2日、後ろ3日を足して10日間出かけるのがパターンだった。

「部長に『ちょっと行ってくるわ』と言って行く。その代わり、選手に土産を買うてこなアカン。土産を見たら、どこへ行ってきたかすぐわかる（笑）」

出かける範囲は幅広い。ブラジル、オーストラリア、ニュージーランド、香港、ハワイ……。ブラジルのコパカバーナの海岸をランニングし、オーストラリアのフィッシュマーケットでロブスターを買う。マイナス40度の中、カナダにオーロラを観に行ったこともある。

「オーロラを観に行くのが一番時間かかった。『今年オーロラ行くぞ』と言ったら、嫁さんが『そんな寒いとこいらん』と。そうやって行き先が変わって10年たった。また『いらん』と言うから、『わかった。オレ一人で行く』と言ったら嫁さんも『行く』と（笑）」

行ったときは最高のオーロラが見られた。ツアーコンダクターも「5段階で5。こんなにきれいなのは3か月ぶりです」と驚くほど見事なオーロラ。

「想いって、天にも通じるんやなって。10年間想い続けとったんやから。（ずっと見続けて）首が痛なったよ」

この他に、髙嶋監督が絶賛したのがペルーの世界遺産・マチュピチュ。標高約2450メートルという高地の断崖絶壁にある神殿や段々畑。建造物の石積みは、かみそりの刃すら隙間に通さないほど精密に造られている。

「感動して野球なんかやっとられへんなと思った。人間ってすごいなと思う。今の時代ならわかるけど、あの時代にどうやってあんなものを造ったのか。やっぱり、海外旅行は行かなアカン」

監督を勇退した直後の2018年9月にはさっそくスイスへ出かけた。今はインターネットでバーチャル体験ができ、いくらでも〝行った気〟になれる時代。だからこそ、時間とお金をかけ、生で体験することに価値がある。野球を忘れる非日常の時間。髙嶋監督にとって、これが「またがんばろう」というエネルギー源になっていた。

高嶋 仁のセオリー 80

プロの話を聞きに行く

毎年1月に、全日本野球協会主催の野球指導者講習会が都内（かつては幕張）で行われる。高校野球の指導者がプロ野球で活躍した元選手の話を聞ける貴重な機会。そこに足を運ぶのが髙嶋監督の楽しみだった。

「プロの技術はトップじゃないですか。ボールの握り方とかバットの握り方とか、基本中の基本を教えてくれる。勉強になりますよ。あるとき、松永怜一（ロサンゼルス五輪日本代表監督）さんに『甲子園に出た監督で来てるのはお前だけや』って言われたけど、他の人のことは知らん。オレは好きで来てるだけ。プロの人の話聞くの好きやもんね」

日頃の疑問を解消できる場。髙嶋監督は一対一になる場を狙って、元プロに質問した。中でも印象に残っているのが、吉田義男（元阪神監督）の言葉だ。吉田は教え子の中谷仁が阪神にドラフト1位で入団したときの監督。顔見知りでもあった。

「プロの内野手って難なくさばきますよね。バッターが打つ前に打球の方向に動いとる。何で打つ前に走れんねんと思うとった。全日本でアメリカに行ったとき、大リーグを観に行ったんよ。真上（高いスタンド）から観とったらね、やっぱり内野手は打つ前に走っとる。そこへボールが飛んでくるんですよ。『おかしいなぁ』ってずっと思っとった。それで質問したんよ」

吉田はこんなことを言った。

「姿を見ただけでこっちに来るというのがわかる。だから、バットにボールが当たる前に動ける。当たるところなんか見とったらアカン。バッター全体をボヤっと見なさい」

このひとことで、髙嶋監督は選手に言う言葉を変えた。

「それまでは、ノックを打つ前に動いたら怒っとった。『何で打つ前に動くんや』って。でも、吉田さんは『それは怒ったらアカン。あんたの姿でこっちに打つのがわかっとったから動いとる。それは試合のとき使えるやろ』と。なるほどなぁって。宮本慎也（元東京ヤクルト）も同じこと言ってましたね」

小早川毅彦（元広島）には内角打ちのアドバイスの仕方を教わった。

「『脇を締めて打つというのはわかるんやけど……』と言ったら、『言葉の使い方をちょっと変えたらいいんじゃないですか』って。『僕ならボールの内側を叩けと言います』と」

日体大時代、時間があれば多摩川の河川敷にあった巨人の二軍グラウンドへ練習を観に出かけていた髙嶋監督。本人は「好きやから」としか言わないが、待っていてもプロは来てくれない。疑問も解消されない。わざわざ足を運ぶことをしない人が多い中、どれだけ実績を重ねても通い続ける。その姿勢が、長い期間、常勝チームをつくり続けることができた一因だった。

高嶋　仁のセオリー　**81**

宿舎でのミーティングは1分

甲子園に出るようなチームはミーティングをしっかりやるイメージがあるが、髙嶋監督はそうではない。むしろ、正反対だ。

「ミーティングは1分。それ以上やらない」

試合前となれば、相手を分析して長時間の対策ミーティングをやるのが普通だが、それもしないのだという。

「やりません。部長がやったりしてますけどね」

短いだけでなく、言うことも必要最小限にとどめている。

「例えば、10個のことを言うじゃないですか。次の日に選手に聞いたら、まぁ、覚えとんのは3つでしょうね。7つ忘れられたら、(言わないのと)いっしょじゃないですか。もちろん、頭のええ子は言えるけど、そういう子ばっかりとちゃうんでね。でも、1つ2つやったら絶対覚えてる。10日間ほどおったら、それで20個になるわけですよ。そっちのほうが僕はええと思ってやっとんですけどね」

指導者はどうしても伝えたいことが多くなる。そのせいで気づいたら長く話してしまうものだが、髙嶋監督は選手たちが忘れることを想定している。伝わらないのに言っても仕方がない。確実に伝わる分だけを伝える。それが髙嶋監督のやり方なのだ。

髙嶋 仁のセオリー 82

グラウンド整備の時間で修正させる

2分45秒。

5回終了後、甲子園では大会歌が流れ、その間にグラウンド整備が行われる。毎回同じ映像が流れるため、整備時間が変わることはない。この3分足らずの時間をどう使うか。髙嶋監督が重視していたのは修正だった。

「普通のイニングのときって、全員いないんですよ。バッターとネクスト（次打者）はもうおらへん。やっぱり、全体には言うことが通らないんです。唯一、5回のときだけ全員おるんですよね。だからそこで、全員に浸透させる意味でババババッと思うとることを言います。『1回から5回はこういうことで悪い、アカンかった。これはちょっと違うから、そこを修正しよう。こういう練習をやってきとるんやから、練習通りいこうや。6回からこないしていこう』と。和歌山大会はのんびり整備やってくれるんで、もうちょっと時間がある。そのせいか、みんなに言われるんです。『智弁は6回から変わる』って。やっぱり、そこですよ」

セオリー81で紹介しているように、普段のミーティングでは1、2個しか言わない髙嶋監督も、この時間だけは別だ。5つか6つのことを言う。話す内容は、守備よりも攻撃のことのほうがほとんどだ。

「やっぱり、バッティングのことですね。試合が始まったら点取りですよ。負けとるときは『こうやってひっくり返そう』という言い方が多い。あとは『点取れ。点取らな、ウチのピッチャー取られるぞ』って」

言った直後には大きく変わらないが、打順が整備後の2回りめになる頃になると効果が表れる。それが、〝智弁イニング〟と呼ばれる8回だ。春夏ともにイニング別の最多得点を記録。センバツでは終盤3イニングでも断トツの得点数を挙げている（143ページ表2参照）。

優勝、準優勝した大会をふりかえっても8回は印象深い場面が目立つ。1996年のセンバツでは、高陽東に0対2とリードされた8回裏に4点。2000年のセンバツでは国士舘に1対4とリードされた8回表に8点。00年夏は柳川に2対6とリードされた8回裏に4点。東海大浦安に5対6とリードされた8回表に5点。この他にも99年夏の柏陵戦で0対2から5点。2対3とリードされた08年夏の駒大岩見沢戦では、坂口真規（元巨人）が史上初の1イニング2本塁打を放つなど大会新の1イニング3発で11点を挙げて逆転している。

「チームに修正能力があるかどうかは大事ですね。パパッと言うたことがわかって、こないしようとできる」

逆にいえば、修正能力がないチームは上位には勝ち進めないといえる。智弁和歌山でも、言うことを聞かない、修正できないチームはあっさりと負けている。10年夏の成田戦がそうだった。右腕・中川諒に14三振を奪われ、1点しか取れずに敗退（1対2）。

「スピードが145とか出るピッチャーじゃないでしょ。あいつら、ホームラン狙うとるんですよ。『確かにお前らからしたら緩いかもしれんけど、違うやろ。スライダーピッチャーやから、引っ張りに入ったらアカン』と言うたけど、全然聞かんかった。1点差だし、オレが決めたろうと思っとるんですよ。（右打者の）左足見たらわかりますよ。開いとるんやもん。それは打てるわけない。あいつらはオレを監督と思うてない」

整備中は基本的に攻撃のことを言うことが多いが、守備の話をしたことで髙嶋監督の印象に残っている試合がある。18年センバツ準決勝の東海大相模戦だ。5対6とリードされる展開で、髙嶋監督は捕手の東妻純平にカミナリを落とした。

「相手の七番にホームランを打てる元四番（渡辺健士郎）がおったんです。下位打線にホームランが出たら勢いに乗るから、あいつだけには打たすなと言うとった。ヒットはOK、デッドボールもOK。

「それが2ランですから最悪ですよ」

バッテリーはその指示を受けながら、5回裏二死一塁の場面で渡辺に逆転の2点本塁打を打たれていた。

「ピッチャーは怒られへんから、キャッチャーを怒った。『アホ、ボケ、いんでまえー（和歌山弁で「ここから出ていけ」の意味）』って。そしたら、それをテレビに拾われた（笑）」

72歳とは思えない怒声はベンチ外にも響くほどだったが、髙嶋監督の喝もむなしく6回裏に3失策が出て4失点。完全な負けパターンにはまった。だが、選手はそこから奮起。得意の8回表に4点を挙げるなど、7回以降に7得点（延長10回）して試合をひっくり返した。

「和歌山なら4分か5分。甲子園なら3分もない。でも、ものすごく貴重。修正できるのが強いチームです」

グラウンド整備中の時間をどう使うのか。それが監督の腕の見せ所だ。わずか2分45秒。3分足らずの時間にチームの勝敗がかかっている。

高嶋 仁のセオリー 83

自らも鍛える

1日10キロのランニング。

高嶋監督の日課だ。これは、どこにいても変わらない。全日本を率いてブラジル遠征に行ったときは、コパカバーナ海岸の砂浜を走った。ときには、追い込みの時期に選手たちといっしょに走ることもあった。「後ろから走るんです。監督がいたらサボれんでしょう」。ランニングは、ひざを痛めてドクターストップがかかる2005年頃まで、30年近く毎日続いた。

その後はウォーキングに変わったが、その距離は20キロ。慈尊院の九度山から高野山大門までの町石道を週2回。朝3時に家を出て、4時から歩いていた。俗に煩悩が108あるといわれることから、高嶋監督は「108回を3ラウンド行こうと決めて」歩き始めた。つまり324回。これを間もなくクリアすると、「千日修行って言うやろ。お坊さんにできるのにオレにできないはずはない」と、これもひざの故障で中断するまで、今度は10ラウンド、1080回を目指していた。

甲子園出場時には、大阪・阿波座にある宿舎から、毎日往復2時間ほどの散歩。その日によって、宿舎から新大阪駅まで、大阪城まで、大阪ドームまでとコースを変えて歩き、帰りに大阪中央卸売市場に寄って、海鮮丼を食べるのが常だった。観戦に行くときは甲子園までの片道を歩いて行くこともあったが、「すぐやん。2時間半やもん」と涼しい顔をしていた。

ちなみに、ひざのケガは軽いものではない。半月板損傷だ。毎日、毎日ノックを打ち続けたため、半月板がすり減り、ひざはクッションがない状態だった。それでも、医者に止められるまで、ランニングもウォーキングも続けたのだ。並大抵の精神力ではない。

太めの体型の監督が多いなか、髙嶋監督は70歳を過ぎても体型が変わらなかった。それにはもちろん、毎日のランニングとウォーキングがあったのは間違いない。一般人にはなかなかできないことをなぜ続けられたのか。それには、こんな理由がある。

「選手に負けてはいけないと思うてね。選手たちだけが苦しんでいるというんではね」

選手に厳しい練習を課す以上、監督が自分に甘いわけにはいかない。苦しい思いを知っているから、選手たちの苦しさがわかる。やらせていい範囲もわかる。説得力もある。自分でやっているからこその強みが、髙嶋監督にはあった。

高嶋 仁のセオリー 84

よく観察する

46年間、無事故無違反。

最後の3年間を除き、高嶋監督は遠征に行く際、自らバスのハンドルを握っていた。早朝3時に出発することもある。朝から2試合やった後の帰りは疲れも出る。眠くなる。乗っている選手はみんな寝ている。そんな中での無事故無違反は立派のひとことだ。安全運転を心がけていたのだろうか。

「高速道路を走るときは130キロを超えることもあった（笑）。常に右側しか走ってない」

ここに高嶋監督の〝技〟がある。

「右側を走っとったら前後左右、必ず見とかんと。パッと見て、クラウンがいるとわざと80キロぐらいに落とす。そうすると、イライラしてシューッと行く。それを追いかけてまたスピードを上げる（笑）」

クラウンとは覆面パトカーのこと。視野を広く持ち、〝危険察知力〟に長けているからこその無事故無違反なのだ。

観察力は野球にも活きる。髙嶋監督が〝会心の采配〟として覚えているのが、カウント3－0からのスクイズ成功。3球連続ウエストの後の4球めに決めたことだ。おそらく智弁学園時代の1977年センバツ1回戦・土浦日大戦のことだという。

「何でそんなことするかというと、1球め、2球めまでは思いっきり外すんですよね。3球めになったら、外すんやけど、キャッチャーは動かんのです。4球めになったら、もう歩かしやもん。キャッチャーは（キャッチャーボックスから）そんな飛び出ない。そのぐらいのボールはバッターからしたら一番やりやすいんですよ。それを見て、これはいけると判断した。バチッと決まりました。相手の監督は帽子を叩きつけとる。そらそうですよ。外せのサイン出しとんのやから」

自分はウエストしているから、打者は見送るだろう。その思い込みがスキを生む。

「阪神の新庄（剛志、99年6月12日の巨人戦で敬遠の球をサヨナラ安打）が打ったのも同じですよ。外しにはいっとんのやけど、バチッと外してない。中途半端なんですよ。だから打たれるんです。スクイズも同じ。心理的なものなんですよ。そういうとこをちゃんと見とったらおもしろいですね。そういうとこをパッと盗んでサインを出すっていうのは」

〝強打の智弁〟の看板から、髙嶋監督に豪快なイメージを持つ人も少なくないが、実はこんな細かい部分を楽しんでいる。それも、普段から磨いている観察眼があるから。研ぎ澄まされた感覚がここ一番で活きるのだ。

高嶋　仁のセオリー85

あえて見て見ぬふりをする

100メートルダッシュ100本、腹筋、背筋2000回……。聞くだけで恐ろしくなるような数だが、追い込みの時期を除き、高嶋監督は強引にやらせるようなことはない。

「1から10まで目いっぱいやっとったら、絶対ケガする。『あいつ、抜いとったな』と思っても知らん顔して、見んふりをせなアカンところもある。『100本走れ』と言って、くそマジメなキャプテンは100本走る。そうでないヤツは『ラスト！』とか言うて89本で終わるわけ。わかっとるけど何も言わん」

監督が何も言わなくても、選手たちは誰が何本走ったかわかっている。そこで選手間に評価が生まれる。キャプテンだけがサボらなければ、「さすがキャプテン」と一目置かれることになるし、毎回サボる選手は「あいつはそういうヤツだ」と信頼を失うことになる。

「それもひとつの特徴なんよな。ホンマは走らさなアカンのやけど、それをシャカリキになってガーッと言うたらアカンと思ってる」

練習試合で負けた後に課す100メートル100本も見ているようで見ていないことが多い。とはいえ、もちろん、いつも許すわけではない。

「たまにカウントする。そういうときは、キャプテンを呼んで『おい、オレ数えたら89本やけど、終わったんか?』と。そしたら、『ヤバい』ってなるやん。それでええと思うんやけどね」

智弁学園時代にはこんなこともあった。

「『ポール間30本や』と言って、1番から5番までの順番をつけとくんです。集合させて、『ずっと見とった。前から5番目までバッティング。他はいらん』と。そこにレギュラーが入ってないと『ヤバい』となる。そしたら、次の日からレギュラー組がトップですよ。そこでガーンと言うのもええんやけど、ヤバいと思わす方法もあるんです」

要は、メリハリが大事だということ。いつも見ているわけではないが、見ていることもあるので気が抜けない。そうやって操縦するのだ。この他、徹底的に絞るときは、タイム設定つきでノルマの数や時間を達成できなければ永遠にやり続けさせる。

「腹筋、背筋なら30秒で何回、50メートルなら何秒以内と全部タイムで追い込む。そういうときは容赦しない。『はい、ダメ』と言ってもう一回」

なぜ、そうするのか。それには、こんな考えがある。

「月曜から土曜まできっちりせなアカンと思っても、人間ってそれは無理ですよ。月曜から土曜までやるんやったら、最初ゆるめで最後きつめとか、最初と最後がゆるめで真ん中をきつめとか、いろんな方法がある。それは経験ですね」

全力でやらなければいけないときもあるが、だからといって常にやりすぎるのはよくない。

「100メートル100本でも、ウチは全力で走らさんのです。八分で走らす。その代わり、『フォームを大事にせえ』と言います。それだとわりときれいに走れるんやけど、全力と言うたらがむしゃらに走るんで変にフォームが揺れるんですよ。それやったら、ええフォームで、足を上げて走らせたほうがプラスになると思ってます」

数にこだわるのが髙嶋監督のやり方だが、数にこだわるあまり、バランスや形を崩さないように配慮する。ケガをさせないように注意する。わかっていても片目をつぶる。あえて抜くことを許すことで身体を壊さない。この配分をうまく加減できるのが髙嶋監督なのだ。

高嶋 仁のセオリー 86

追い込むときはあえて食事をとらない

人間の大きな欲求のひとつに食欲がある。

これを、あえて満たさないようにしていたのが髙嶋監督だった。

「もうボチボチ絞らなアカンと思ったら、メシを食わない。朝も昼も食べないんです。腹が減ったら人間はイライラする。だから、まずは自分をイライラさせるんです。イライラするってことは、ちょっとしたミスを見逃さないようになる。何かあれば、『ちょっと来い』と呼んで、バーッと言う。それが、満腹やったら『あんなんええわ』ってなるんですよ。これ、人間の心理です」

高校野球はトーナメントだ。たったひとつのミスが命取りになる。たった一度の「あんなんええわ」という妥協が、夏を終わらせてしまうことになる。そうならないよう、後悔しないよう、髙嶋監督は自ら環境をつくっていた。

「そういうときって、選手は『監督メシ食うてないぞ』って知っとんですよ。『今日ヤバいで』って気合入る（笑）」

晩年はやっていなかったというが、そこまでして勝利へ執念を燃やす。それが髙嶋監督なのだ。

髙嶋 仁のセオリー 87

カンが鈍ったら引退する

「カンが鈍っとるなぁ……」

晩年、髙嶋監督が何度かこう漏らしたことがあった。自分に対する嘆き。歯がゆさが伝わってきた。

髙嶋監督がもっとも悔いが残る試合のひとつに挙げるのが、2014年夏の和歌山大会決勝・市和歌山戦だ。初回に1点を先制しながら追加点が奪えず、7回に同点。11回表に勝ち越すも、その裏に追いつかれ、12回の末にサヨナラ負けを喫した試合だ。

「あれは監督の責任や。1アウト三塁で2点めを取れるチャンスがあった。そこで取ってない。何で取ってないかというと、ちょっと躊躇したんです。バッターがピッチャーでスクイズを考えた。様子を見てから出そうと思うた。そこでちょっと迷うとんです。0・何秒か迷った」

打者は初球を打ってセカンドゴロ。後続も倒れ、無得点に終わった。

「そこでパッと『待て』のサインを出せばええのに、迷うとるんですよ。あのとき思いました。『あー、オレもぼちぼち引退やな』と。そういう瞬間的判断が遅いんです。『待て』を出そうと思うたら打ちよった。やっぱり、取れるときに取らんから負ける」

結果的に、この試合が髙嶋監督が24回経験した和歌山大会決勝で負けた唯一の試合になった。

「あれは堪えた。引きずりますよ。勝てとる試合やから」

髙嶋監督がお立ち台で「鈍っとる」と言ったのが17年夏の甲子園2回戦・大阪桐蔭戦。0対1で迎えた4回表のことだ。同点に追いつき、なおも一死満塁のチャンスで七番・津田和義に打順が回った。この試合は初戦で本塁打を打っている主砲・林晃汰が右ひじ痛でスタメンから外れていた。林をどこで使うのかがポイント。この場面でも髙嶋監督の頭に林の名前が浮かんだが、そのまま津田を打席に送った。結局、津田は見逃し三振。後続も倒れて追加点は取れなかった。

「4回やったから、ちょっと早い。もう一回チャンスが来るはずやと。それで出さんかった」

だが、その後はチャンスで下位に回る場面はなし。結局、林は走者なしの9回一死から代打で起用。センター前ヒットを放ったが、得点にはつながらず、1対2で敗れた。

「あれは悔いが残った。ホンマにカンが鈍っとると思った。相手が強いんやから、何回であろうとチャンスがあったら勝負をかけんとね。桐蔭はピッチャーもいいし、そうそうチャンスはない。それを『もう一回来る』と思うのは間違い。『ここしかない』と代打いっとったら、ひょっとしたらヒット打って勝っとるかもしれん。結局、ランナーなしでの代打や。全然意味がない」

高校野球は展開が早い。迷う間もなく、わずか数秒で決断をしなければいけない。甲子園で史上唯一100試合以上を経験している〝百戦錬磨〟の髙嶋監督。かつてなら、「待て」のサインも代打も迷うことはなかっただろう。決断よりも判断が勝ってしまったことの後悔。自身で感じた勝負勘の衰えが引退を決める一因だった。

基本を大事に。量をこなす。やり続ける

髙嶋 仁のセオリー 88

「髙嶋マジック？　ない、ない。そういうマジックで勝つようなことせえへん（笑）。正統派やから」

奇をてらった采配はしない。走者が出れば、バントで送ってヒットが出るのを待つ。オーソドックスでシンプルなのが髙嶋監督の野球だ。試合で選手に求めることも、当たり前でシンプルなことが多い。

「甲子園で勝つためには――って、いろいろ出てくるけど、共通していえることは全部基本なんです。甲子園戦法といわれる『バントに始まってバントに終わる』、『ストライクを取りに来るボールを逃し

たらアカンという0―0、1―0攻撃』も基本じゃないですか。結局、基本をしっかりしなさいという教えなんですよ。やっぱりええ言葉ですよ、甲子園戦法って」

髙嶋監督は練習内容もシンプルだ。ほとんどがアップ、キャッチボール、ノック、バッティング、トレーニングのくり返し。年に一度しか起こらないようなプレーの練習はしない。

「勉強でも小中学校でしっかりやってなかったら、高校に来て『勉強せえ』と言っても無理ですから。まず、勉強のしかたがわからない。そのまま『わからん、わからん』で終わってしまう。高校に来たらもうひとつ上の段階へ行くんやから、基礎ができてなかったらダメですよね。野球もまったくいっしょです。やっぱり、しっかりした基礎ができてないと」

ただ、シンプルな正統派野球で勝つには条件がある。選手たちに力がなければいけないのだ。かといって、智弁和歌山には大阪桐蔭のように毎年プロに行くような選手はいない。そこで髙嶋監督が重視したのが、技術練習の量をこなすための体力づくりだった。

「ノックに耐えようと思ったら体力づくりをしとかなアカンのです。しっかりスイングをやろうとか、技術的なことをやろうと思ったら、体力がないと振れないですよね。体力をつけるためには苦痛を伴うんですよね。ダッシュを100本走ったりとか、腹筋、背筋を2000回やったりとか。それもこれも何のためやといったら、勝つため。甲子園で勝つために練習する。そのためには、それだけの体力がいるわけですよ。1か月ちょっとの間で、40度近いところで12連勝しないと甲子園で優勝できないわけですから、その12連勝をするための体力づくりですよね。

100本とか2000回とかいっても、毎日やるわけじゃない。週に1回か2回、あとは追い込みのときだけなんで、やれんことないと思うんです。だから、ホンマにやるかやらんかですよ。やったところが強い。大阪桐蔭がどんな練習したか。たいがい苦しい練習をやってますよ。それを乗り越えるから優勝できる。何にもしてないってことは絶対ないですからね」

やったヤツが勝つ。それがわかっていてもできないのが人間だ。髙嶋監督から課される量の多さに不平不満を漏らす選手は少なくない。中には「くそジジイ」と言う選手もいる。だが、そんな中でも本気になって取り組む選手をつくれるかどうか。それこそ、監督の腕の見せ所だ。

「普段の練習の中でそういうヤツが出てきたのを見て、チームは上がっていくような気がします。だから、まずは1人そういうヤツを育てる。怒ってでも、強引に引っ張ってでもそういう選手を1人つくる。そういうヤツが1人、2人、3人と増えたらチームは強い」

監督の情熱に引っ張られて、本気になる選手が出てくる。その選手に熱量があれば、徐々に周りの選手に燃え移っていく。そうやってチーム全体に炎が回れば、どんな練習量にも耐えることができる。心身ともに強いチームになる。

髙嶋監督がやっていたことは「誰もがやることを、誰もができないぐらいの量で、継続してやること」。メニュー自体は特別なものではない。マネをしようと思えばできることだ。髙嶋監督が他の人と違うのは、〝やったヤツが勝つ〟とわかっていること。できなくても、できるまで待ち、できるまでやらせることだ。毎日斬新なメニューであれば興味をひくことができる。飽きも来ない。だが、髙嶋監督がこだわったのは、あくまでシンプルなメニューと練習量。シンプルなことを続けることが、どれだけ大変なことか。それは、やった人にしかわからない。

シンプルなことにこだわり、やり続けた髙嶋監督。毎日毎日、地道にコツコツと基本を積み重ねた結果が、甲子園優勝3回、準優勝4回を含む歴代最多の68勝だった。

基礎・基本の大切さ、長くやり続けることの大切さをあらためて教えてくれた髙嶋監督。46年間、本当にお疲れさまでした——。そして、これからもお元気でいてください。

２０１９年2月1日

田尻賢誉

髙嶋仁監督成績

智弁学園

1976年（昭和51年）春	1回戦	○	5対0	札幌商（北海道）
	2回戦	○	4対3	岡崎工（愛知）
	準々決勝	●	3対11	東洋大姫路（兵庫）
1977年（昭和52年）春	1回戦	○	4対2	土浦日大（茨城）
	2回戦	○	4対1	銚子商（千葉）
	準々決勝	○	4対2	早実（東京）
	準決勝	●	0対2	箕島（和歌山）
1977年（昭和52年）夏	1回戦	○	2対1	星稜（石川）
	2回戦	○	12対0	川口工（埼玉）
	3回戦	●	0対4	今治西（愛媛）

智弁和歌山

1985年（昭和60年）春	1回戦	●	1対3	駒大岩見沢（北海道）	
1987年（昭和62年）夏	1回戦	●	1対2	東北（宮城）	
1989年（平成元年）夏	1回戦	●	1対2	成東（千葉）	延長11回
1991年（平成3年）夏	1回戦	●	2対3	学法石川（福島）	
1992年（平成4年）夏	2回戦	●	3対4	拓大紅陵（千葉）	
1993年（平成5年）夏	1回戦	○	2対1	東北（宮城）	延長12回
	2回戦	○	5対2	城北（熊本）	
	3回戦	●	1対2	徳島商（徳島）	
1994年（平成6年）春	1回戦	○	8対4	秋田（秋田）	
	2回戦	○	10対2	横浜（神奈川）	
	準々決勝	○	6対5	宇和島東（愛媛）	延長10回
	準決勝	○	5対4	PL学園（大阪）	
	決勝	○	7対5	常総学院（茨城）	優勝
1996年（平成8年）春	1回戦	○	3対0	鵬翔（宮崎）	
	2回戦	○	4対3	沖縄水産（沖縄）	
	準々決勝	○	3対0	国士舘（東京）	延長13回
	準決勝	○	4対2	高陽東（広島）	
	決勝	●	3対6	鹿児島実（鹿児島）	準優勝
1996年（平成8年）夏	1回戦	●	4対7	水戸短大付（茨城）	
1997年（平成9年）夏	2回戦	○	19対6	日本文理（新潟）	
	3回戦	○	10対4	福岡工大付（福岡）	
	準々決勝	○	6対4	佐野日大（栃木）	
	準決勝	○	1対0	浦添商（沖縄）	延長10回
	決勝	○	6対3	平安（京都）	優勝
1998年（平成10年）夏	1回戦	○	5対2	掛川西（静岡）	
	2回戦	○	6対2	岐阜三田（岐阜）	
	3回戦	●	6対7	豊田大谷（東愛知）	
1999年（平成11年）夏	2回戦	○	5対2	都立城東（東東京）	
	3回戦	○	2対0	尽誠学園（香川）	
	準々決勝	○	7対2	柏陵（千葉）	
	準決勝	●	4対5	岡山理大付（岡山）	
2000年（平成12年）春	1回戦	○	20対8	丸亀（香川）	
	2回戦	○	9対6	国士舘（東京）	
	準々決勝	○	1対0	柳川（福岡）	
	準決勝	○	10対2	国学院栃木（栃木）	
	決勝	●	2対4	東海大相模（神奈川）	準優勝
2000年（平成12年）夏	1回戦	○	14対4	新発田農（新潟）	
	2回戦	○	7対6	中京大中京（愛知）	
	3回戦	○	11対7	PL学園（大阪）	
	準々決勝	○	7対6	柳川（福岡）	延長11回
	準決勝	○	7対5	光星学院（青森）	
	決勝	○	11対6	東海大浦安（千葉）	優勝　史上初の大会通算100安打、大会新の11本塁打

2002年（平成14年）春	1回戦	●	2対7	関西（岡山）	
2002年（平成14年）夏	1回戦	○	5対4	札幌第一（南北海道）	延長10回
	2回戦	○	4対1	東邦（愛知）	
	3回戦	○	7対3	智弁学園（奈良）	
	準々決勝	○	7対1	鳴戸工（徳島）	
	準決勝	○	6対1	帝京（東東京）	
	決勝	●	2対7	明徳義塾（高知）	準優勝
2003年（平成15年）春	2回戦	○	6対5	東邦（愛知）	延長10回
	3回戦	○	7対6	浦和学院（埼玉）	延長12回
	準々決勝	●	0対13	徳島商（徳島）	
2003年（平成15年）夏	1回戦	○	6対1	長野工（長野）	
	2回戦	●	3対6	常総学院（茨城）	
2005年（平成17年）夏	1回戦	●	5対7	青森山田（青森）	
2006年（平成18年）春	1回戦	○	4対0	伊万里商（佐賀）	
	2回戦	●	7対10	岐阜城北（岐阜）	
2006年（平成18年）夏	1回戦	○	4対1	県岐阜商（岐阜）	
	2回戦	○	5対2	金沢（石川）	
	3回戦	○	8対3	八重山商工（沖縄）	
	準々決勝	○	13対12	帝京（東東京）	
	準決勝	●	4対7	駒大苫小牧（南北海道）	
2007年（平成19年）夏	1回戦	●	2対4	仙台育英（宮城）	
2008年（平成20年）春	2回戦	○	12対4	丸子修学館（長野）	
	3回戦	○	2対1	宇治山田商（京都）	延長11回
	準々決勝	●	0対2	東洋大姫路（兵庫）	
2008年（平成20年）夏	1回戦	○	3対0	済美（愛媛）	
	2回戦	○	5対2	木更津総合（東千葉）	
	3回戦	○	15対3	駒大岩見沢（北北海道）	
	準々決勝	●	10対13	常葉菊川（静岡）	
2009年（平成21年）夏	1回戦	○	2対0	滋賀学園（滋賀）	
	2回戦	○	8対5	札幌第一（南北海道）	
	3回戦	●	1対4	都城商（宮崎）	
2010年（平成22年）春	1回戦	○	6対1	高岡商（富山）	監督通算歴代単独1位の59勝
	2回戦	●	2対7	興南（沖縄）	
2010年（平成22年）夏	1回戦	●	1対2	成田（千葉）	
2011年（平成23年）春	1回戦	○	8対1	佐渡（新潟）	
	2回戦	○	3対2	光星学院（青森）	
	準々決勝	●	3対10	履正社（大阪）	
2011年（平成23年）夏	1回戦	○	11対1	花咲徳栄（埼玉）	
	2回戦	○	8対7	白樺学園（北北海道）	延長10回
	3回戦	●	4対6	日大三（西東京）	
2012年（平成24年）夏	2回戦	●	2対3	神村学園（鹿児島）	
2014年（平成26年）春	1回戦	●	2対3	明徳義塾（高知）	延長15回
2015年（平成27年）夏	1回戦	●	4対9	津商（三重）	
2017年（平成29年）夏	1回戦	○	9対6	興南（沖縄）	
	2回戦	●	1対2	大阪桐蔭（大阪）	
2018年（平成30年）春	2回戦	○	4対2	富山商（富山）	監督歴代単独1位の春夏通算37度目出場
	3回戦	○	7対4	国学院栃木（栃木）	
	準々決勝	○	11対10	創成館（長崎）	延長10回　史上初の監督通算100試合目
	準決勝	○	12対10	東海大相模（神奈川）	延長10回
	決勝	●	2対5	大阪桐蔭（大阪）	準優勝
2018年（平成30年）夏	1回戦	●	3対7	近江（滋賀）	

髙嶋 仁 たかしま・ひとし

1946年5月30日、長崎県生まれ。

長崎・海星高では2年時と3年時の夏に外野手で甲子園に出場。

指導者を目指して一浪し、日本体育大に進学。4年時に主将を務める。

卒業後の70年、奈良・智弁学園高にコーチとして招かれ、
72年に25歳で監督就任。76年春に甲子園初出場。77年春4強。

80年に智弁和歌山高監督に。

85年春の初出場から甲子園初戦で5連敗。93年夏に初勝利。

94年春、97年、2000年夏に優勝。96年、00年春、02年夏、18年春準優勝。

甲子園春夏通算38度の出場、監督通算68勝はいずれも最多。

18年夏の大会後に勇退。智弁和歌山、智弁学園の名誉監督に就任。

田尻賢誉　たじり・まさたか

スポーツジャーナリスト。1975年12月31日、神戸市生まれ。学習院大卒業後、ラジオ局勤務を経てスポーツジャーナリストに。高校野球の徹底した現場取材に定評がある。『高校野球監督の名言』シリーズ（小社刊）ほか著書多数。講演活動も行っている。「甲子園に近づくメルマガ」を好評配信中。無料版はQRコードを読み取って空メールで購読可能、有料版はQRコードを読み取って登録を。

タジケンの
無料メルマガは
こちらから

タジケンの
有料メルマガは
こちらから

智弁和歌山《ちべんわかやま》・髙嶋仁《たかしまひとし》のセオリー

甲子園《こうしえん》最多勝《さいたしょう》監督《かんとく》の勝《か》つための法則《ほうそく》88

2019年 2 月28日　第1版第1刷発行
2020年 4 月15日　第1版第5刷発行

著　者　田尻賢誉《たじりまさたか》

発行人　池田哲雄

発行所　株式会社ベースボール・マガジン社
〒103-8482 東京都中央区日本橋浜町2-61-9 TIE浜町ビル
電話 03-5643-3930（販売部）
03-5643-3885（出版部）
振替 00180-6-46620
http://www.bbm-japan.com/

印刷・製本　広研印刷株式会社

ISBN978-4-583-11207-7 C0075